Es geht auch EINFACH!

GÄRTNERN FÜR SELBSTVERSORGER MIT WENIG ZEIT & WENIG PLATZ

OTMAR DIEZ

KOSMOS

Bei den genannten Personenbezeichnungen wird jeweils nur die männliche Form, zum Beispiel Gärtner, verwendet. Das Buch wird dadurch leichter lesbar. Bitte haben Sie dafür Verständnis.

INHALT

Warum ich dieses Buch geschrieben habe

Die Faszination, heutzutage ein möglichst natürliches und einfaches Leben zu führen beschäftigt mich seit langer Zeit. Ich bin davon überzeugt, dass es eine unserer größten Aufgaben für die Zukunft sein wird, den Spagat zwischen der modernen, bis in den letzten Winkel vernetzten Informationswelt und einem Leben, das Raum für Naturerfahrung lässt, zu gestalten. Viele Studien der letzten Jahre belegen eindrucksvoll, wie wichtig es für uns Menschen ist, den Kontakt zur Natur zu bewahren. Auch wenn wir in unserem Garten und nicht in der Wildnis unterwegs sind, so ist es doch eine wunderbare Naturerfahrung, mit unseren Händen die Erde zu spüren, zu säen und zu ernten.
Gärtnern ist aber noch viel mehr als nur gesundes Gemüse zu ernten. Gärtnern kann uns Energie für das Leben geben.
Mit meinem Buch möchte ich Menschen ansprechen, die sich für eine gesunde Ernährung interessieren und den Garten als Ausgleich zu ihrem Beruf nutzen wollen. Bei meinen Seminaren habe ich viele Menschen kennengelernt, die merken, dass es sie nicht glücklicher und zufriedener macht, immer mehr Dinge anzuschaffen, die mehr belasten als dass sie auf Dauer Freude machen. Es gibt in unserem Leben noch mehr als „nur" erfolgreich im Beruf zu sein. Die Sehnsucht nach mehr Einfachheit beschäftigt viele Menschen.
In meinem Buch möchte ich Ihnen nicht zeigen, wie sie Ziegen, Hühner oder Enten halten können. Es hat auch wenig Sinn, Ihnen Gärten mit mehreren hundert Quadratmetern Fläche vorzustellen. Mein Ziel ist es vielmehr, Menschen, die wenig Zeit haben und die vielleicht noch nie gegärtnert haben, einen erfolgreichen Einstieg in das Gärtnerleben zu zeigen. Alles, was ich in diesem Buch schreibe, bezieht sich auf berufstätige Menschen, die in ihrer Freizeit einen kleinen Garten bewirtschaften möchten. In den letzten Jahren habe ich ein Rahmensystem für

Beete entwickelt, das die sehr effektive Bewirtschaftung eines Gartens ermöglicht. Mit diesem System können Sie ohne lange Vorbereitungszeit jederzeit mit dem Gärtnern beginnen. Die Beete lassen sich schnell auf- und auch wieder abbauen, vorausgesetzt, Sie haben ein Stückchen Erdboden zur Verfügung. Gerne gebe ich meine eigenen Erfahrungen über Vor- und Nachteile von Bewirtschaftungsformen und optimale Pflanzenkombinationen weiter. Für die Menschen, die keine Lust oder Zeit haben, sich mit Vor- und Nachfrucht oder guten und schlechten Pflanzenkombinationen zu beschäftigen, habe ich Anbaupläne für Musterbeete erstellt. Hier kann man, bei durchdachter Vorgehensweise, erstaunlich viel ernten und der Arbeitsaufwand hält sich in Grenzen.
Mit diesem Buch halten Sie ein Werkzeug in der Hand, in dem Sie die wesentlichen Dinge zum „Gärtnern light“ finden. Wichtig ist es mir, dass Sie konkret nachlesen können, wann Sie welche Arbeiten machen sollten, wie Sie die Umsetzung der Gartenidee in die Praxis gut meistern können und welche Gemüsesorten besonders für den Anbau in kleinen Gärten geeignet sind. Sie werden auch die Welt der Effektiven Mikroorganismen und ihre tollen Einsatzmöglichkeiten im Garten kennenlernen. Es versteht sich von selbst, dass der Garten ohne chemische Stoffe bewirtschaftet werden sollte. Fremdstoffe und Chemie in der Nahrung gibt es wahrlich schon genug.
Das Wichtigste ist aber, dass Sie und vielleicht Ihre ganze Familie Freude daran finden, Gemüse und Kräuter anzubauen, zu ernten und gemeinsam zu verzehren.
Schaffen Sie sich ein kleines Paradies, in dem sie jeden Tag verweilen können!

Otmar Diez

Salat

PLANUNG

KRAFTPLÄTZE

Nutzen Sie freie Momente, um sich zu erholen. Vielleicht finden Sie in Ihrem Umfeld einen besonderen Kraftplatz, den Sie immer wieder aufsuchen können. Alte Bäume oder Wasserläufe eigenen sich hierfür besonders.

Einfacher und natürlicher leben

Das heißt nicht, auf all die schönen und sinnvollen Errungenschaften unserer modernen Gesellschaft verzichten zu müssen. Es bedeutet nur, sich selbst bewusst zu machen, was die wirklich wichtigen Dinge des Lebens sind.

Die Konsequenz wird für die meisten Menschen sein, sich dann für diese Dinge und für sich selbst mehr Zeit zu nehmen. Je komplizierter unser Leben wird, umso mehr steigt die Sehnsucht nach Einfachheit. Beginnen Sie die Kraft der Natur für sich zu nutzen!

Wenn Sie Möglichkeit haben, in Ihrer Mittagspause durch einen Park zu spazieren, machen Sie das! Vielleicht gibt es in diesem Park einen alten Baum, an den Sie sich für einige Zeit setzen können. Sie werden schnell spüren, wie Ihnen diese Momente wieder neue Kraft und Energie geben. Übrigens gingen Albert Einstein und der Mathematiker und Philosoph Kurt Gödel, für manche zwei der brillantesten Köpfe, die je auf dem Erdboden wandelten, jeden Tag auf dem Campus in Princeton im Wald spazieren.

Wenn Sie die ersten, persönlich erlebten positiven Erfahrungen der „Naturbegegnung" gemacht haben, beginnt vielleicht der nächste Schritt, dies auch in der freien Zeit im kleinen Gemüse- und Kräutergarten umzusetzen. Wie Sie das machen können, lesen Sie auf den nächsten Seiten.

Ein einfacheres und natürlicheres Leben zu führen, klappt nicht von heute auf morgen. Man kann nicht plötzlich alles über Bord werfen. Es handelt sich um einen Prozess, der natürlich auch innerhalb der Familie für Diskussionen sorgen wird. Man kann nicht erwarten, dass sich der Partner und die Kinder gleichzeitig derart verändern möchten. Lassen Sie Ihrem Umfeld Zeit, zu verstehen und zu spüren, was Sie hierzu veranlasst hat und was es bewirkt.

„Selbstversorgung light"

Noch nie gab es eine so große Auswahl an Nahrungsmitteln wie wir sie derzeit in unseren Geschäften finden. Aus den entferntesten Winkeln dieser Erde werden exotische Früchte und Gemüse jeden Tag frisch zu uns geliefert. Für die Kunden in den Supermärkten ist es selbstver-

1. Schon zeitig im Frühjahr können wir Salate für den täglichen Gebrauch selbst anbauen. Von den Pflücksalaten lassen sich immer wieder die äußeren Blätter ernten.

2. Verkaufsraum eines alternativen „Supermarktes". Hier kann man zu jeder Zeit Gemüse holen, selber abwiegen und das Geld in eine Kasse werfen. Bio, super frisch, direkt vom Hof und saisonal.

1

2

ständlich, dass immer alles zu jeder Zeit frisch und preisgünstig zur Verfügung steht. Was bedeutet das aber? Nichts anderes, als dass die Erzeuger und Händler die Preise immer weiter nach unten korrigieren müssen, weil der Preisdruck immer größer wird. Hierdurch kommt es unter anderem zu fragwürdigen Anbauformen und viele Tiere müssen in Massenställen ein erbärmliches Leben führen.

Jetzt gibt es zwei Möglichkeiten: Entweder man macht sich über diese Situation weiter keinen Kopf oder man versucht in diesem Dschungel aus Inhaltsstoffen, Zusatzstoffen, Geschmacksverstärkern, Massentierhaltung usw. einigermaßen den Überblick zu wahren und für sich eine akzeptable Lösung zu finden. Mir ist dies nicht mehr gelungen und der Zeitaufwand solchen Dinge nachzuforschen wurde einfach zu groß. Die Alternative ist die Nahrungsversorgung mit nachvollziehbaren Produktionslinien, regionalen Produkten und dem eigenen Anbau von Gemüse, Pilzen, Kräutern und auch Wildkräutern. Wenn man sich auf die Suche nach regionalen Produkten oder Direktvermarktern macht, wird man sehr erstaunt sein, wie groß die Auswahl ist. Es gibt auch keinen Unterschied mehr, ob man in der Großstadt oder auf dem Land lebt. Bauernmärkte, Wochenmärkte oder Biomärkte findet man überall. Obst- und Gemüsekisten mit heimischem, saisonalem Gemüse werden das ganze Jahr über bis an die Haustür geliefert. Viele dieser Erzeuger kann man sogar in ihren Betrieben besuchen und miterleben, wie hier Gemüse und Obst angebaut wird. Oft entstehen zu den Bauern auch lebenslange freundschaftliche Beziehungen.

Bei unserer Versorgung mit Lebensmitteln kaufen wir also das Gemüse, das wir nicht selbst anbauen wollen oder können, bei den Bauern unseres Vertrauens oder in Biomärkten ein und

Gemüse und Kräuter, die wir fast täglich benötigen, bauen wir selbst an. Fast das ganze Jahr über kann man Gemüse oder Salate ernten.

GESUNDES GEMÜSE UND SEELENHEIL

Wenn Sie Ihren Freunden, Bekannten oder Arbeitskollegen berichten werden, dass Sie nun einen kleinen Garten anlegen wollen, wird man Ihnen mit Sicherheit die folgenden Argumente entgegenbringen: „Es lohnt sich nicht und macht zu viel Arbeit".
Wenn man das Argument „Es lohnt sich nicht" nur aus ökonomischer Sicht betrachtet, so hat die Person ja vielleicht gar nicht Unrecht. Das genau wollen wir aber nicht!

Frischer geht es nicht

Der eigene kleine Garten versetzt uns in die Lage, fast das ganze Jahr über an frisches Gemüse und Kräuter zu gelangen. Gerade bei Tomaten und Gurken ist der Geschmacksunterschied zwischen einer selbst angebauten und vielleicht sogar selbst ausgesäten Tomate und einer Frucht, die nie einen Krümel Erdboden gespürt hat, besonders intensiv zu spüren. Einfach in den Garten zu gehen und frisches Gemüse zu ernten wird man schon bald nicht mehr missen wollen. Wenn der Anbauplan gut durchdacht ist, können wir fast das ganze Jahr über ernten – auch im Winter.

Garten zum Stressabbau

Endlich Urlaub! Jedes Jahr fiebern Millionen von Menschen ihrem Jahresurlaub entgegen. Die wertvollsten Tage im Jahr sollen den Akku wieder aufladen. Ausspannen, nichts tun, einfach die Maschinen in die Ruheposition bringen. Wochenlang sehnt man diese Tage herbei, manche schleppen sich geradezu in diese Zeit. Funktioniert es wirklich, monatelang mit voller Kraft

voraus sein persönliches Schiff zu steuern, um dann mit einer Vollbremsung in den Ruhemodus zu gelangen? Gerade im Urlaub sind manche Menschen besonders gefährdet einen Burn-out oder Hörsturz zu erleiden. Aus der Forschung ist bekannt, dass der Erholungseffekt des Urlaubs recht schnell wieder verfliegt – dies wird auch als „fading out" bezeichnet. Bereits nach wenigen Tagen zurück in der Arbeit ist bei vielen Menschen subjektiv der Erholungseffekt wieder weg. Die massive Zunahme psychischer Erkrankungen in den letzten Jahren liegt auch an der zunehmend mangelhaften Erholung im Alltag. In vielen Arbeitsbereichen verschwimmen die Grenzen zwischen Arbeit und Freizeit. Unser Ziel sollte es daher sein, jeden Tag Entspannungszeit in unser Leben zu integrieren. Die beste Möglichkeit dies zu tun, ist ein Aufenthalt in der Natur. Gartenarbeit kann einen wertvollen Beitrag leisten – jeden Tag!

Den Erfolg der Arbeit sehen

Wenn man eine Arbeit verrichtet, möchte man auch am Ende des Tages oder Prozesses ein Ergebnis sehen. Genau dieser Wunsch ist vielen Menschen in unserer Arbeitswelt verloren gegangen. Wir sind in Prozesse und Arbeitsabläufe

eingebunden und sehen aber nie das Endprodukt. Somit geht die Sinnhaftigkeit und die innere Befriedigung verloren. Daran können wir in der Regel nicht viel ändern.
In unserem Garten säen oder pflanzen, pflegen und versorgen wir unsere Pflanzen liebevoll und letztendlich ernten und verspeisen wir den Lohn für unsere Mühen.

Gemeinsame Erlebnisse

Ein Garten kann wieder zu einem Ort werden, an dem wir mit der Familie gemeinsame Stunden verbringen. Diese kostbare Zeit ist leider in den letzten Jahren immer weniger geworden. Erwachsene müssen länger arbeiten oder lange Wegstrecken zur Arbeitsstelle in Kauf nehmen. Kinder gehen zur Schule und die Freizeit ist mit Aktivitäten vollgestopft. Oft ist es so, dass sich die Familienmitglieder nur wenige Stunden in der Woche zu Gesicht bekommen.
Vielleicht schaffen Sie es, im Rahmen Ihrer Möglichkeiten durch die Bewirtschaftung eines Gartens gemeinsam Zeit mit Ihrer Familie zu finden.

Naturerfahrung

Viele Kinder können heute wahrscheinlich einiges über den Regenwald am Amazonas erzählen, aber nicht wie ein Radieschen oder Salat wächst.Einen kleinen Garten mit Kindern zu bewirtschaften ist eine unermessliche Bereicherung. An die Momente mit Eltern oder auch Großeltern im Garten werden sich Kinder ihr ganzes Leben lang erinnern.
Kinder lernen durch Gartenarbeit erste Zusammenhänge der Natur. Kein Buch der Welt kann eigene, selbst gemachte Erfahrungen wie beispielsweise die Entwicklung vom Samenkorn bis zur Ernte ersetzen. Ein eigenes kleines Kinderbeet zu „bewirtschaften" heißt vermutlich, das erste Mal Verantwortung zu übernehmen. Sonne und Regen bekommen nun einen ganz anderen Stellenwert. Samen auszubringen, die heranwachsenden Pflänzchen gut zu betreuen und dann voller Stolz das erste „eigene" Radieschen zu essen, gibt Kindern Selbstvertrauen in das eigene Handeln.
Gärten in Kinderkrippen sind eine besondere Möglichkeit die Gemeinschaft zu fördern und das Erzeugen von Nahrungsmitteln erlebbar zu machen. Ich kenne einen Kindergarten, in dem die Kinder ihr Gemüse selbst anbauen, gemeinsam kochen und Wildkräuter in der Natur für Smoothies sammeln. Ich würde mir wünschen, dass viele Kinder eine derart naturgemäße Erziehung erleben dürften.
Mit meinen Rahmenbeeten ist es übrigens ganz leicht, schnell einen kleinen „Kindergarten" anzulegen.

GESUNDE ZWISCHENMAHLZEIT

Für alle Smoothie-Trinker oder solche, die es noch werden wollen, sind frische grüne Gemüse- und Kräuterblätter, zum Beispiel Spinat, die beste Möglichkeit, um sich diese köstlichen und gesunden Getränke herzustellen.

Eigenschaften des Gartens

Wenn Sie mit der Planung Ihres Gemüse- und Kräutergartens beginnen möchten, stellt sich zunächst die Frage, wie viel Platz zur Verfügung steht.

WICHTIGE FRAGEN

- Müssen noch Versorgungsleitungen für Wasser oder Strom verlegt werden?
- Gibt es Möglichkeiten einen Regenwassertank im Boden zu vergraben?
- Ist es erforderlich Boden auszutauschen/zu verbessern?
- Benötige ich einen Kompost?
- Möchte ich ein Hochbeet, Frühbeet etc.?
- Wie sollen die Wege beschaffen sein?
- Welche Gemüsearten oder -sorten will ich anbauen?

Machen Sie den Garten lieber zu Beginn etwas zu klein als zu groß! Denn was nicht geschehen sollte, ist, dass Ihnen der Garten mehr Energie raubt, als er Ihnen Kraft gibt. Es hat sich gezeigt, dass eine Fläche von ca. 20 m^2, die durchdacht bewirtschaftet wird, voll und ganz reicht, um beispielsweise eine Familie mit zwei Erwachsenen und zwei Kindern mit Salat, Kohlrabi, Radieschen, Zucchini, Zwiebeln und Gartenkräutern zu versorgen.

ZEITLICH MACHBAR

Der nächste wichtige Punkt ist die Zeit, die man aufwenden muss, um diese Fläche zu bewirtschaften. Bei dem Anbausystem, das ich Ihnen vorstellen möchte, können Sie sehr ökonomisch vorgehen. Einige der sonst üblichen Gartenarbeiten wie Umgraben, Grüngut entsorgen usw. entfallen hier komplett. Wenn die Gartenarbeit im Frühjahr beginnt, benötige ich in der Regel

1

2

1. Salate das ganze Jahr anzubauen, ist nicht problematisch, wenn man die Möglichkeit hat, die Pflanzen mit einer Abdeckung vor Nachtfrösten zu schützen.

2. Investierte Zeit für die sorgfältige Planung verhindert oft nachträgliche Umbaumaßnahmen.

nicht länger als eine Stunde um startklar zu sein. Ich schaue mir die Beete an, lockere den Boden mit Grabegabel und Pendelhacke, schneide vielleicht noch einige Stauden und Kräuter zurück und das war es dann auch schon. Dann kann die Anzucht im Anzuchtrahmen beginnen.

Lange Anbauzeiten

Für die meisten Gärtner beginnt das Gartenjahr im späten Frühjahr, wenn man nicht mehr mit Nachfrösten rechnen muss. Eine Frostnacht schädigt oft die kleinen Pflanzen und Sämlinge so sehr, dass diese eingehen. Unser Ziel ist es, möglichst früh im Jahr zu beginnen und die Wintersalate wie Endivie, Feldsalat oder Winterkopfsalate bis spät in das Jahr zu ernten. Ideal ist es, wenn man seine Beete und Pflanzen bei drohender Frostgefahr schnell schützen kann. Hierzu eignen sich Abdeckungen hervorragend. Diese sind kinderleicht auf das Beet gelegt, und die darin enthaltenen Pflanzen werden so geschützt.

BIOLOGISCHE BEWIRTSCHAFTUNG

Es versteht sich von selbst, dass wir in unserem Garten keine Chemie einsetzen und voll und ganz ökologischen Gartenbau betreiben. Wir müssen akzeptieren, dass uns Insekten, Schnecken, Wühlmäuse und Co. manchmal den Spaß verderben wollen. Mein größtes Problem im Garten sind mittlerweile meine Amseln. Diese werden immer dicker und fauler, weil es durch das Mulchen und den Einsatz von Effektiven Mikroorganismen (siehe S. 76) so viele Würmer gibt, dass es die Vögel nicht mehr „nötig" haben, noch aus dem Garten zu fliegen. Sie durchwühlen die Mulchschicht in den Beeten nach Würmern und fressen tatsächlich frisch ausgepflanzte Salatpflänzchen. Von wegen Schnecken!

Durch den Einsatz Effektiver Mikroorganismen und das ständige Mulchen werden immer wieder neue Nähstoffe in den Gartenboden eingebracht. Letztendlich sitzen die Pflanzen ja im warmen Kompost.
Zusätzlich düngen kann man nach Bedarf mit Kräuterjauchen, zum Beispiel aus Brennnesseln oder Beinwell (siehe S. 73).

Kein Umgraben

In unserem Garten wird nicht mehr umgegraben, sondern nur noch gelockert! Diese Arbeit kostet in einem „normalen" Garten viel Schweiß und Zeit. Da wir unseren Garten fast ganzjährig nutzen wollen und auch noch im Winter Salat ernten, ist das ohnehin nicht möglich. Durch das Umgraben will man erreichen, dass der Frost die dicken Bodenklumpen, die es bei uns hoffentlich nicht gibt, auseinandersprengt. Durch die sogenannte Frostgare soll der Boden feinkrümlig werden. Genau dies erreichen wir durch das Mulchen.

Richtige Auswahl der Pflanzen

In den Wintermonaten kann man sich im geheizten Wohnzimmer mit dem Gemüse für die anstehende Gartensaison beschäftigen. Sinnvoll ist es, die Gemüse und Salate anzubauen, die in der Familie gerne und oft verspeist werden. Hierzu zählen in der Regel verschiedene Salate, Radieschen, Kohlrabi, Bohnen, Rote Bete, Erdbeeren, Zwiebeln, Zucchini, Tomaten und Gurken. Bei eingeschränkten Platzverhältnissen macht es keinen Sinn, Gemüsesorten zu pflanzen, die viel Platz in Anspruch nehmen und/oder die man in der Nähe von einem Biobauern bekommen kann, wie Kartoffeln, Karotten und Kürbisse.

Platz für Kräuter

In unserem Garten sollte natürlich genug Platz für den Anbau von Kräutern sein. Petersilie, Schnittlauch, Thymian, Rosmarin, Majoran, Dill, Bohnenkraut und Basilikum dürfen in keinem Garten fehlen. Erst durch Kräuter bekommen die Speisen den typischen Geschmack.

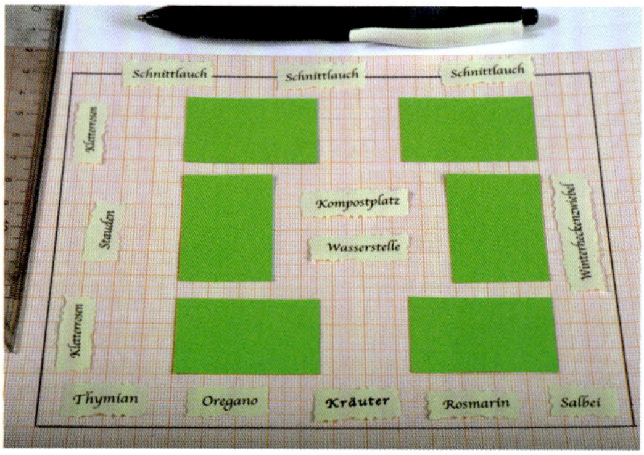

Mithilfe von Millimeterpapier und maßstabsgetreuen Beeten kann man sich eine gute Übersicht verschaffen und planen. In diesem Beispiel entsprechen 3 cm auf dem Papier 1 m im Garten.

Wenn noch ein wenig Platz ist, können wir natürlich auch Zitronenmelisse, Ringelblumen, Beinwell, Salbei oder Pfefferminze für Tees oder Heilanwendungen anpflanzen. Im Randbereich oder als Sichtschutz kommen die groß wachsenden Kräuter wie Beifuß, Liebstöckel (Maggikraut), Estragon oder Fenchel in Betracht. Kräuter bringen uns durch die ätherischen Öle unbeschreibliche Dufterlebnisse in unseren Garten. Manche Thymianarten eignen sich hervorragend als Trittpflanzen für unsere Gartenwege.

OPTIMALE AUSNUTZUNG DER FLÄCHE

Wenn Sie sich nun entschlossen haben, einen Teil Ihres Gartens als Nutzgarten zu verwenden, steht als Nächstes die konkrete Planung an. Wenig sinnvoll wäre es, jetzt einfach in einer Ecke anzufangen den Garten „anzulegen", ohne sich zuvor weitere Gedanken gemacht zu haben.
Am besten ist es, die Maße des Grundstückes maßstabsgetreu zu Papier zu bringen. Wenn Sie die Beetgröße festgelegt haben, können Sie leicht Schablonen anfertigen, die Sie dann beliebig auf Ihrem Plan hin und her bewegen können. Diese Skizze kostet weniger Zeit als später, wenn alles gepflanzt ist, nochmal komplett von vorne anfangen zu müssen.

1

2

1. Mit einem Durchwurfsieb sollte man zu Beginn Steine und harte Erdklumpen aussortieren. Eine Arbeit, die sich wirklich lohnt!

2. Nachdem die Fläche eingeebnet wurde, können nun nach der Skizze die Rahmenbeete aufgestellt werden. Spätestens jetzt ist man über einen Plan sehr froh.

Bei der Beetgröße kann man sehr variabel sein. Ich halte eine Beetbreite von 1 bis 1,20 m für ideal. Die Länge kann beliebig seien. Bei der Anlage von Rahmengärten arbeite ich mit einer Rahmengröße von 1,50 m x 1 m. Wir zeichnen unsere Beete in den Plan und lassen zwischen den Beeten 60 bis 80 cm Platz. An den Seiten sollte man mit den Beeten nicht direkt an die angrenzenden Bereiche gehen. Die Abstände eignen sich gut für das Anpflanzen von Kräutern.

Ich empfehle mit einer Fläche von ca. 20 m² zu beginnen. Hier bekommen Sie sechs Beete in der Größe 1,50 m x 1 m wunderbar unter und es bleibt auch noch genügend Platz für die Gestaltung der Wege und der Randbepflanzung. Hier eignen sich besonders mehrjährige Kräuter, wie Thymian, Oregano, Salbei oder Melisse.

Natürlich können Sie auch nur ein Rahmenbeet bewirtschaften, wenn Sie nicht mehr Platz oder Zeit haben. Ebenso ist es möglich, diese Anbauform in bestehende Gärten zu integrieren.

MATERIALIEN UND BEETELEMENTE

Die Erstellung der Liste, was alles benötigt wird, sollte einige Zeit vor der Anlage des Gartens, am besten im Winter, erfolgen, damit genügend Zeit bleibt, um alles zu besorgen. Sobald es die Wetterlage erlaubt, wird das Grundstück vorbereitet und die festen Elemente wie Hochbeete, Frühbeete, Kompostbehälter usw. an Ort und Stelle aufgestellt. Steine und große Erdbrocken kann man einfach mit einem Durchwurfsieb aussortieren. Dieser Aufwand lohnt sich auf lange Sicht immer. Wenn Sie mit dem Holzrahmensystem arbeiten wollen, beginnt nun das Einebnen der Fläche und das Aufstellen oder der Bau der Holzrahmen. Je nachdem für welche Art der Weggestaltung Sie sich entschieden haben, ist es auch schon möglich, die Wege anzulegen. Bei den Holzrahmen ist es zweckmäßig, Isolierabdeckungen auf einige Holzrahmen zu legen. Hierdurch wird der Boden langsam erwärmt und für die erste Nutzung als Frühbeet optimal vorbereitet.

DER WEG ZUM RAHMENGARTEN

Herkömmliche Gartenbeete

Gärten bestehen in der Regel aus Beeten verschiedener Größe. Hinzu kommen oft noch Frühbeete, Hügelbeete, Hochbeete und Kompostbehältnisse. Seltener werden Mistbeete oder Erdmieten zum Überwintern und Lagern von Gemüse angelegt.

Für jeden Verwendungszweck braucht man ein extra Beet. Die verschiedenen Beete nehmen im Garten oft eine Menge Platz weg und gerade Frühbeete werden nur einige Wochen im Jahr benötigt.

BEET AUF BODENHÖHE

Gärtnern mit „erdgleichen" Beeten ist die mit Abstand bekannteste Anbauform. Die Breite dieser Beete liegt meist zwischen 1 und 1,20 m, bei beliebiger Länge. Man kann überall problemlos mit dem Gärtnern beginnen: Fläche einebnen, Beete festlegen und dann kann es auch schon losgehen.

FRÜHBEET

Dank ihrer schützenden Abdeckung verschaffen Frühbeete einen merklichen Zeitvorteil. Sobald die schlimmsten Fröste vorüber sind, kann im Frühbeet schon die erste Saat ausgebracht werden. Das Frühbeet lässt die Sämlinge auch bei niedrigen Temperaturen weiterwachsen. Frühbeete gibt es in den verschiedensten Bauformen und mit etwas Geschick kann man so ein Beet auch leicht selbst bauen. Größe und Preis schwanken enorm: von billigen Angeboten aus dem Baumarkt bis hin zu einem sehr stabilen Frühbeet vom Fachhändler für einige hundert Euro. Letztendlich werden diese Beete nur so lange benötigt, bis die Frostgefahr vorüber ist.

HÜGELBEET

Anlagen, in denen organische Abfälle schichtweise gestapelt und mit Erde abgedeckt werden, heißen Hügelbeete. Durch die entstehende Wärme und die Freisetzung von

Nährstoffen während des Kompostierungsvorgangs sind die Beete sehr fruchtbar. Gemüse gedeiht prächtig auf Hügelbeeten. Nebenbei lassen sich auf diese Weise sehr gut Gartenabfälle sinnvoll entsorgen und wieder dem Nähstoffkreislauf zuführen.

MISTBEET

In einem Mistbeet nutzt man die wärmenden Eigenschaften von Pferdemist. Nicht zu empfehlen sind hingegen Schweine- und Kuhmist, da sie wenig Wärme abgeben. Es ist sinnvoll, den Mist in ein vorhandenes Frühbeet zu geben, da dann die Wärme in der kühlen Jahreszeit von oben und von unten durchdringt. Pferdemist bekommt man meist unentgeltlich bei Reiterhöfen. Man gräbt den Boden 30 bis 40 cm tief aus, gibt den Mist hinein und tritt das Ganze fest. Als oberste Schicht verwendet man guten Gartenboden.

HOCHBEET

Zunächst baut man eine große Kiste aus Holz, Steinen oder auch Kunststoff, die etwa 80 cm hoch ist. Die Länge und Breite richtet sich nach den örtlichen Gegebenheiten und den persönlichen Vorstellungen. Zum Schutz vor Mäusen, insbesondere Wühlmäusen, kann man ein Drahtgeflecht am Grund des Beetes anbringen.
Der weitere optimale Aufbau besteht aus Reisig, Häckselgut, Laub, Kompost und Gartenboden.
Schnell kommen 2 m³ Boden und Material zusammen. Die Erde wird sich nach und nach immer wieder setzen und man muss neue Erde nachfüllen.

1. Pferdemist eignet sich besonders zur Anlage eines Mistbeetes.

2. Ein Frühbeettunnel schützt die Pflanzen im Frühjahr bei Spätfrost.

3. Ein Hochbeet aus Rundhölzern sieht sehr schön aus, ist günstig und einfach zu bauen.

Die ersten Rahmenbeete hatten keine einheitlichen Maße. Das Kompostieren erfolgte bereits direkt im Holzrahmen.

Die nächsten Holzrahmen waren aus Fichtenholz und alle gleich groß. Sie konnten somit gestapelt werden. Der Nachteil war, dass nicht genutzte Rahmen sehr viel Platz bei der Zwischenlagerung benötigten.

Rahmenbeete

Bei einem befreundeten erfahrenen Gärtner sah ich den Anbau von Gemüse in Holzrahmen. Der Aufbau ähnelte einem Hügelbeet und stellte letztendlich eine Kompostierung an Ort und Stelle dar.

Diese Anbaumethode übernahm ich und fertigte die Rahmen aus alten Brettern. Zu diesem Zeitpunkt waren die Rahmen noch unterschiedlich groß. Schon bald erkannte ich den Vorteil, gleich große Rahmen beliebig stapeln zu können. Hinzu kam eine Frühbeetabdeckung, die ich von einer Gärtnerei bekam. So entwickelte sich langsam das inzwischen etablierte Stapel-System, dass man selbst bauen oder fertig kaufen kann (siehe S. 139). In Verbindung mit der Abdeckung hatte ich nun die Möglichkeit, mir immer genau die Beetform zu bauen, die ich gerade benötige. Das einzige Problem war noch, dass die nicht benötigten Rahmen irgendwo gelagert werden mussten. Bei einer Gartenmesse sah ich Klapprahmen aus dem Palettenbau. Diese Rahmen gibt es fertig zu kaufen. Mir waren sie allerdings zu klein und ich baute nun meine eigenen Rahmen so groß, dass die Frühbeetabdeckung genau passte. Als Holz wählte ich heimisches Lärchenholz, da es das wetterbeständigste Holz für den Außenbereich ist. Für Rahmen, die nicht benötigt werden, ist es dennoch sinnvoll diese trocken zu lagern. So kann die Haltbarkeit wesentlich verlängert werden. Die Vorteile der Rahmenbeete sind vielfältig, als Nachteil ist nur zu nennen, dass auch Lärchenholz nicht ewig hält. Da die Bretter in die Eckverbinder geschraubt werden, lässt sich ein morsches Brett jedoch leicht auswechseln.

VORTEILE EINES RAHMENGARTENS

- Die Holzrahmen können in jeder beliebigen Größe selbst hergestellt werden.
- Die Holzrahmen können überall schnell auf- und wieder abgebaut werden.
- Holzrahmenbeete bringen eine Grundordnung in den Garten.
- Dank der Rahmen gibt es eine klare Abgrenzung zwischen Wegen und Beeten.

Die nächste Generation der Holzrahmen: mit Klappsystem aus Lärchenholz, sodass nicht benötigte Rahmen einfach zusammengeklappt werden können.

- Unkräuter können nicht mehr in die Beete hineinwachsen.
- Schnecken können besser von den Beeten ferngehalten werden.
- Da die Rahmen stapelbar sind, lassen sich verschiedene Beetvariationen schnell bauen: normales Rahmenbeet, Anzuchtbeet, Frühbeet, Hochbeet in verschiedenen Höhen, Winterbeet, Pilzbeet. Es entfällt die Anschaffung spezieller Beete wie Hochbeet und Frühbeet.
- Das Absinken der Erde durch die Verrottung der Bestandeile im Hochbeet stellt kein Problem mehr dar. Man nimmt einfach einen Rahmen ab und muss nicht ständig neuen Boden nachfüllen.
- Organisches Material wird zerschreddert oder per Rasenmäher zerkleinert und kann dann in den Rahmenbeeten als Mulchmaterial verwendet werden (siehe S. 26).
- Die Kosten für die komplette Bestückung eines Gartens (20 m² mit 6 Rahmen plus 2 bis 3 weiteren Rahmen zum Hochbauen und 3 Abdeckungen) sind oft nicht teurer als ein einziges hochwertiges Hochbeet.
- Kein Umgraben mehr nötig!
- Anbau von Gemüse ist nahezu das ganze Jahr möglich! Durch die Beetabdeckung entsteht eine Luftschicht, sodass Frost keinen Schaden anrichten kann.
- Nicht benötigte Rahmen können zusammengeklappt und verräumt werden. Hierdurch verlängert sich die Lebensdauer maßgeblich.
- Holzrahmenbeete sind auch sehr gut geeignet, um z. B. in Schulen kleine Beete anzulegen.

RAHMEN UND WÄRMEELEMENT

Die Rahmen bestehen aus je zwei 22 mm dicken heimischen Lärchenholzbrettern mit 100 bzw.

1

3

2

4

150 cm Länge und 20 cm Breite. Die Ecken werden mit klappbaren Eckverbindern aus dem Palettenbau ausgeführt. Somit besteht die Möglichkeit die Klapprahmen einfach zu transportieren und platzsparend zu lagern.
Vor dem ersten Einsatz können die Rahmen mit einem biologischen Holzschutzmittel (Auro, Livos, Biofa etc.) eingelassen werden. Ein weiterer Schutz auf den Innenseiten der Rahmen könnten Noppenbahnen aus dem Baubereich sein. Sie bestehen allerdings aus Kunststoff und passen nach meinen Vorstellungen nicht in einen Naturgarten – ich kann auch nicht ausschließen, dass Substanzen aus diesen Folien an den Boden abgegeben werden.
Das Wärmeelement ist die schützende Abdeckung und das Herzstück des Rahmensystems, mit dem Sie immer schnell die Möglichkeit haben, für den notwendigen Schutz der Pflanzen

1. Diese Beetabdeckung aus Glas bekommt man z. T. für wenig Geld in Gärtnereien. Leider sind die Glaselemente schwer und empfindlich.

2. Kostengünstige Beetabdeckung aus Kunststoff. Diese Abdeckung kann man leicht selbst bauen mit Kanthölzern und einer Folie.

3. Die Beetabdeckung aus Doppelstegplatten oder Plexiglas kann in der Mitte zusammengeklappt werden und ist somit leicht verstaubar.

4. Insektenabwehr: leicht aus Dachlatten und Insektenschutzvlies herzustellen.

Grünabfälle können nach dem Zerkleinern einfach als Mulch entsorgt werden.

zu sorgen: im Frühjahr zur Pflanzenanzucht, als Frühbeet und auch im Herbst und Winter zum Schutz vor Frösten. Es ist schnell aufgebaut und kann von jedermann transportiert werden, denn es wiegt nur 13 kg.
Es ist wichtig, dass die Beete immer gut gelüftet werden. Wenn die Sonne scheint, kann es schnell zu warm im Beet werden und die Pflanzen würden leiden.

NORMALES RAHMENBEET

Im Standard-Rahmenbeet können Sie nach dem Aufstellen und Ausrichten des Rahmens gleich mit dem Säen oder Pflanzen auf dem vorhandenen Gartenboden beginnen. Es ist nicht erforderlich, die Rahmen mit Erde zu füllen. Wenn der Boden sehr fest ist, sollten sie diesen mit einer Grabegabel, Sauzahn oder Hacke gründlich lockern bzw. den Boden mit Humus, Kompost und Sand verbessern. Machen Sie sich keine Sorgen, wenn der Boden noch keine feinkrümelige Struktur besitzt. Das ändert sich durch das Mulchen und die Anwendung mit Effektiven Mikroorganismen (siehe S. 76). Sie werden staunen, wie schnell sich die Bodenstruktur verbessert.
Wenn Sie gegenwärtig Gartenabfälle oder Rasenschnitt haben, können Sie diese mit dem Rasenmäher oder Schredder zerkleinern und jetzt Ihr Beet etwa 5 cm dick mulchen. Danach geben Sie in eine 10-l-Gießkanne mit Wasser 200 ml „Effektive Mikroorganismen für den Garten" und gießen Ihre Mulchschicht damit. Mit einem Pflanzholz können Sie jetzt die Pflanzlöcher im richtigen Abstand stechen, die jungen Pflänzchen einsetzen und leicht angießen. Falls Sie in dieses Beet säen möchten, ist das auch kein Problem: Mit dem Stiel eines Gartengerätes ziehen

Ein einfacher Lüfter, der stufenlos eingestellt werden kann, gewährleistet die Luftzufuhr und verhindert die Überhitzung im Frühbeet.

Ein Rahmenbeet mit Abdeckung eignet sich wunderbar zur Jungpflanzenaufzucht im Frühjahr.

1. Auch bei Frost und Schnee lassen sich die Wintersalate bequem ernten.

2. Eine einfaches Erdlager für Gemüse zu bauen, das man vor allem auch bei Schnee gut nutzen kann, gelingt leicht mit einem Rahmenbeet und einer alten Waschmaschinentrommel.

1

Sie einfach durch die Mulchschicht eine Saatreihe, in die Sie säen. Saat oder Jungpflanzen sind in diesem Beet optimal versorgt. Mit diesem Aufbau beginnt nun sofort der Verrottungsprozess im Beet und die Pflanzen bekommen Wärme und Nährstoffe, weil sie direkt in die Mulchschicht gepflanzt wurden.

SAATBEET

Das Frühjahr ist die Zeit, in der wir unsere erste Saat für die Voranzucht für Salate, Kohlrabi oder frühe Kohlarten ausbringen. Hierzu legen Sie schon ab Ende Februar die Abdeckung über das Beet, damit sich der Boden tagsüber langsam erwärmen kann und nachts nicht mehr so schnell auskühlt.
Ab März beginnt die Aussaat in Reihen im Beet. Oft werden die Samen zu dicht gesät, sodass man sie nach dem Auflaufen ausdünnen muss. Je nach Wetter lüften Sie das Frühbeet, damit der Luftaustausch gut funktioniert. Wenn die Jungpflanzen gut gewachsen sind, werden sie entweder pikiert (vereinzelt) und in einzelne Töpfe gesetzt oder die Pflanzen bei entsprechender Größe gleich an Ort und Stelle für die gesamten Kulturdauer gepflanzt.

FRÜHBEET

Fast nahtlos kann ein Saatbeet, wenn es seinen Zweck erfüllt hat, in ein Frühbeet übergehen. Hier werden die Pflanzen, wie frühe Salate oder Kohlrabi, allerdings gleich in dem Abstand gepflanzt, in dem sie gut wachsen können. Wichtig ist auch hier die gute Durchlüftung. Das Frühbeet kann ebenfalls ab März in Gebrauch genommen werden. Wenn die Temperaturen

2

etwa ab Ende Mai dem Gemüse nichts mehr anhaben können, werden die Abdeckungen abgenommen und zur Seite gestellt.

HOCHBEET

Beim Rahmensystem bauen Sie Ihr Hochbeet so hoch, wie Sie es gerade für richtig halten. Wenn Sie aus bestimmten Gründen gleich in die Höhe bauen wollen, so stapeln Sie zwei bis vier Rahmen übereinander und füllen das Hochbeet in der schon beschrieben Art und Weise auf. Wenn sich die Erde im Hochbeet setzt, können Sie einfach einen Rahmen abnehmen. Die oberste Schicht sollte wieder eine Mulchfläche sein. Natürlich können Sie auch beim Hochbeet wieder den Abdeckrahmen nutzen. Bei dieser Methode ist es ratsam, das Holz innerhalb des Beetes gegen Feuchtigkeit zu schützen.

WINTERBEET

Kälteresistentes Gemüse, wie Feldsalat, Endivie oder auch Wirsing, können auch noch während der Wintermonate geerntet werden, wenn sie einen zusätzlichen Schutz vor frostigen Temperaturen bekommen. Hierfür versehe ich die Wärmeabdeckung mit einer zusätzlichen Luftpolsterfolie.

LAGERBEET

Rahmenbeete eignen sich auch wunderbar, um ein einfaches Erdlager herzustellen. Bestens bewährt haben sich alte Waschmaschinen- oder Trocknertrommeln aus Edelstahl. Man gräbt die Trommel erdgleich in ein Beet ein. Nun kommen schichtweise Sand und Lagergemüse, zum Beispiel Karotten, Rote Bete, Topinambur oder auch Kohlrabi hinein. Die oberste Lage kann

1

2

1. Einfache und kostengünstige Wege lassen sich mit Rindenmulch realisieren. Wurde zuvor ein Unkrautflies verlegt, bleibt der Weg einige Jahre unkrautfrei.

2. Alternativer Duftkräuterweg: Der Rote Sandthymian *Thymus serpyllum* 'Coccineus' eignet sich besonders gut als Duftrasen zwischen Gehwegplatten.

man mit Stroh oder einem Gartenvlies und einer Styroporplatte herstellen. Dann kommt die Abdeckung als Abschluss. Mit diesem Aufbau kann man mitten im Winter frisches Gemüse ernten (siehe S. 87).

WEGE ZWISCHEN DEN BEETEN

Nicht unerheblich ist die Frage, wie man die Wege zwischen den Beeten anlegt. Wenn Sie die Wege für einige Jahre unkrautfrei haben möchten, können Sie zunächst eine entsprechende Folie auslegen und dann die Wege mit Rindenmulch abdecken. Eine weitere Möglichkeit ist, dass Sie nur Trittplatten in Schrittlänge verlegen und zwischen den Platten trittfeste Duftkräuter, wie Englische Rasenkamille, *Anthemis nobilis* 'Treneague', oder Roter Sand-Thymian, *Thymus serphyllum* 'Coccineus', pflanzen. Innerhalb von wenigen Jahren übernehmen die Pflanzen alle freien Flächen. Das Unkrautwachstum wird dadurch weitgehend verhindert, es duftet wunderbar im Garten, die blühende Bepflanzung sieht einfach toll aus und Bienen oder andere Insekten finden hier Nahrung.

RAHMEN AUFBAUEN – SCHNELL GEMACHT

Einen idealer, kleiner Rahmengarten, der auch neben Beruf und Familie, leicht zu pflegen ist, lässt sich leicht selbst aufbauen.

1.
Bevor die Rahmen aufgestellt werden, sollte die Fläche mit einem Rechen eingeebnet und größere Steine oder Erdbrocken entfernt werden.

2.
Die Montage der Rahmenbeete ist kinderleicht. Die Schenkel der Eckverbinder werden lediglich nur noch mit einem Metallstift verbunden, der mit einem Hammer eingeschlagen wird.

3.
Wichtig ist die Be- und Entlüftung der Beete. Bewährt haben sich Abstandshalter aus Metall. Sie sind sehr einfach zu bedienen und halten in jeder gewünschten Stellung.

4.
Die Rahmen werden mit einer Wasserwaage ausgerichtet. Dies ist wichtig, damit die Abdeckrahmen in der richtigen Position auf den Rahmen aufliegen.

5.
Fertig! Auf einer Fläche von 16 m² stehen in diesem Beispiel nun vier Rahmenbeete, von denen zwei mit Abdeckrahmen bestückt sind.

ANLAGE &

MUSTERBEETE

Boden und Bodenwerkzeuge

Bevor wir nun in die Umsetzung unserer Pläne gehen, beschäftigen wir uns mit dem Boden: Ein lockerer, humushaltiger Boden ist die Grundlage für ein gesundes und kräftiges Pflanzenwachstum.

BODEN-PROBE

Etwa 500 g Gartenboden aus einer Tiefe von ca. 30 cm werden in eine Tüte gefüllt. Im Probenbegleitschreiben werden wichtige Daten für das Labor festgehalten und zusammen mit der Probe verschickt. Nach einigen Tagen kommt der Bodenbefund inklusive konkreter Düngeempfehlung.

Die meisten Hausgärten sind überdüngt. Zu groß sind die Verlockungen, in Gartencentern Düngemittel zu kaufen, die ein üppiges Wachstum versprechen. Bevor man in seinem Garten an der Bodenverbesserung arbeitet, ist es sehr sinnvoll, eine Bodenanalyse durchführen zu lassen (siehe S. 139). Untersucht werden vor allem der pH-Wert und die Nährstoffversorgung – Phosphor, Kalium und Magnesium. Sinnvoll ist auch die Anschaffung eines kleinen Messgerätes, mit dem man den pH-Wert und die Bodentemperatur selbst überprüfen kann.

BEURTEILUNG DES BODENS

Die Bodenart lässt sich anhand einiger signifikanter Eigenschaften selbst ermitteln. Zur Bestimmung der Bodenart nehmen Sie ein kastaniengroßes Stückchen Erde und versuchen es zu kneten oder zu rollen:

Sandboden

Wenn Sie den Boden nicht ausrollen oder kneten können und er Ihnen zerfällt, handelt es sich um einen Sandboden. Sandige Böden bestehen aus einzelnen Sandkörnern. Sie lassen Wasser sehr gut durchsickern und sind leicht zu bearbeiten. Da sie Wasser nicht lange halten können, trocknen Sandböden schnell wieder aus. Zur Verbesserung von Sandböden sollte man lehmhaltigen Boden, Ton oder reifen Kompost untermischen und gut einarbeiten. Als Anhaltspunkt ist eine Schubkarre für eine Größe von 1,50 x 1 m sinnvoll. Hierdurch

1

3

2

1. Aus Lehmboden kann man lockere Kugeln formen. Drückt man sie zusammen, zerfallen sie leicht.

2. Tonböden können bei Trockenheit zu sehr festen Erdklumpen zusammenbacken.

3. Böden mit hohen Sandanteilen lassen sich nicht zu einer Kugel formen.

verbessern sich die negativen Eigenschaften eines sandigen Bodens.

Lehmboden

Lehmboden hat eine gute Krümelstruktur. Er ist mit den Fingern formbar. Lehmböden bieten ideale Bedingungen für Gärten: Sie können Wasser und Nährstoffe gut speichern. Mittelschwere Lehmböden, die aus Sand und Lehm bestehen, gehören zu den fruchtbarsten Böden. Ihnen muss meist nur die Menge an Kalk und Humus zugeführt werden, die durch die Pflanzen verbraucht wird. Eine Bodenanalyse zeigt, was wir dem Boden zuführen sollten.

Tonboden

Tonige Böden lassen sich gut kneten, formen und ausrollen. Solche Böden können sehr viel Wasser aufnehmen, das den Pflanzen aber nur zu einem geringen Teil zur Verfügung steht. Tonböden verdichten leicht, was zu einer schlechten Durchlüftung des Bodens führt. Die feinen Wurzeln der Pflanzen haben es hier schwer, in das Erdreich weiterzuwachsen. Tonige Böden können durch die Einarbeitung von Sand oder Quarzsand, die Menge entsprechend wie bei den Lehmböden, gelockert werden. Eine weitere Verbesserung kann mit Gründüngungspflanzen, organischem Dünger und Mulchen erreicht werden.

DER PH-WERT DES BODENS

Der pH-Wert ist ein Maß für den Säuregrad oder die Alkalität des Bodens. Verschiedene Pflanzen er-

Gartenequipment: Arbeitstasche, Gartenschere und Kupferwerkzeuge

fordern unterschiedliche pH-Werte. Ermitteln kann man den pH-Wert mittels spezieller Bodentests. Damit lassen sich neben dem pH-Wert noch Feuchtigkeit, Temperatur und die Lichtintensität messen. Im Gartenfachmarkt gibt es einen pH-Bodentests bei dem durch eine Farbreaktion der pH-Wert ermittelt werden kann. Der pH-Wert des Bodens sollte idealerweise zwischen 5,5 bis 5,7 (Sand) und 6,5 bis 7 (Lehm/Ton) liegen.

Boden mit hohem pH-Wert

Ein erhöhter pH-Wert im Boden führt zu einer Verminderung der Nährstoffverfügbarkeit bei Phosphat sowie bei essentiellen Spurenelementen. Außerdem wird das Bodenleben angeregt, was zu einer Verminderung des Humusgehalts (Bodendegeneration) führen kann.

Besitzt Ihr Boden einen zu hohen pH-Wert, können Sie unterschiedliche Stoffe auf dem Boden austra-

gen bzw. in den Boden einarbeiten. Verwenden Sie Granitmehl oder Kompost von Nadelhölzern, um den pH-Wert Ihres Bodens zu senken: Sie sollten je nach Bodenbeschaffenheit pro m² 100 bis 500 g über der gewünschten Fläche ausbringen und in den Boden einarbeiten.

Boden mit niedrigem pH-Wert

Ein niedriger pH-Wert im Boden vermindert die Aktivität von Mikroorganismen und kann zu einer gering ausgebildeten Krümelstruktur führen. Gleichzeitig können durch einen niedrigen pH-Wert im Boden Schwermetalle vermehrt von den Pflanzen aufgenommen werden.

Hat Ihr Boden einen zu niedrigen pH-Wert, können Sie Kalk – 1 kg reicht für ca. 10 m² – auf die Fläche auftragen und anschließend möglichst wässern oder den Kalk in den Boden einarbeiten.

Aussaat

Wenn draußen noch Winter ist, beginnt für den Gärtner schon das neue Gartenjahr. Sollen zu Beginn des Frühjahres die ersten Pflanzen ins Freie, können wir schon Ende Februar mit der Aussaat einiger Pflanzen wie frühen Kohlsorten oder Frühsalaten beginnen.

SAAT-GUT

Qualitativ hochwertiges Saatgut kann man auf Saatgutmessen, Gartenmärkten oder bei Spezialfirmen (siehe S. 139) bestellen, die es sich zur Aufgabe gemacht haben, alte Sorten und somit die Pflanzenvielfalt zu bewahren. F1-Hybridsaatgut ist meist etwas teurer und eignet sich im Gegensatz zu den alten Sorten nicht, um Samen für das nächste Jahr selbst zu ernten.

Generell stellt sich die Frage, ob es sinnvoll ist, Pflanzen selbst zu ziehen. Wenn man es nur aus finanzieller Sicht betrachtet, sicherlich nicht. Denn Samen, Aussaaterde und verschiedene benötigte Utensilien kosten auch Geld. Aber es macht einfach viel Freude, sein Gemüse von Anfang an selbst in die Obhut zu nehmen und den Lebenszyklus eines Gemüses vom Samenkorn bis zur Erntereife mitzuerleben. Besonders für Kinder ist dies ein wertvolles Lernen der Abläufe in der Natur. Dabei erlebt man, dass Gemüse einen langen Weg hinter sich bringen muss, bevor es im Supermarkt angeboten wird.

Gemüse selbst zu ziehen, beinhaltet noch einen weiteren sehr wichtigen Vorteil: Ich kann selbst entscheiden, wo mein Saatgut herkommt, und ich kann historische, seltene oder sehr bewährte Gemüsesorten anbauen, die selten im Handel als fertige Pflanzen angeboten werden.

Das brauchen Sie

Für die Anzucht von Gemüse benötigt man Aussaaterde, Saatschalen, Pflanztöpfchen, geeignete Sprühflaschen zum Gießen, eventuell ein Minigewächshaus und einen sonnigen Platz auf der Fensterbank. In den letzten Jahren kamen tolle neue Spezial-Aussaatschalen auf den Markt. Dank Klarsichthaube und Kapillarmatte mit integriertem Wasserspeicher entwickeln sich die Samen schnell zu Pflanzen mit kräftigen Wurzeln. Über die Kapillarmatte erhalten die 24 Aussaatzellen optimal dosierte Bewässerung. Der Wasserspeicher reicht bis zu sieben Tage. Zur Anzucht

Rahmenbeete mit einer Abdeckmöglichkeit sind bestens zur Anzucht der empfindlichen Sämlinge geeignet.

kann man aber natürlich auch Plastikbecker, Dosen und Tontöpfe verwenden.

Aussaat Schritt für Schritt

Füllen Sie das Aussaatgefäß mit Anzuchterde, drücken Sie diese gleichmäßig fest und gießen Sie die Erde an. Das hat den Vorteil, dass die Samen beim Angießen nicht ausgeschwemmt werden. Um nicht zu dicht auszusäen, empfiehlt es sich, feines Saatgut mit etwas Sand zu vermischen. Dann werden die Samen gleichmäßig auf der Erde verteilt und mit einem feinen Wasserstrahl angefeuchtet. Lichtkeimer werden nur angedrückt, Dunkelkeimer entsprechend den Angaben auf der Samentüte dünn mit möglichst feiner Erde bedeckt und nochmals angegossen. Sehr gut geeignet sind Aussaatgefäße, die einen durchsichtigen Deckel haben. Damit können sich die Samen in einer höheren Luftfeuchtigkeit gut entwickeln. Alternativ kann man auch eine transparente Folie oder Tüte über die Aussaatgefäße spannen.

Die optimale Keimtemperatur liegt zwischen 14 und 18 °C. Bitte achten Sie darauf, dass ausreichend Licht und Luft vorhanden ist. Das wohl größte Problem bei der Eigenaufzucht ist das zu dieser Jahreszeit – Ende Februar – noch geringe Tages- und Sonnenlicht. Dies kann zu schlechter Pflanzenqualität und übermäßigem Längenwachstum führen. Beginnen Sie eventuell erst etwas später mit der Aussaat und nutzen Sie dafür den besten Platz im Haus, an dem genügend Licht vorhanden ist. Für wärmeliebende Pflanzen wie Tomaten und Paprika

KEIMPROBE

Um zu kontrollieren, ob ältere Samen vom letzten Jahr noch keimfähig sind, legt man einige auf ein feuchtes Küchentuch. Die Keimzeit kann man auf den Samentüten nachlesen. Wenn nach dieser Zeit keine oder nur sehr wenige Samen aufbrechen, um Keimblätter zu bilden, ist es wenig sinnvoll mit diesen Samen weiterzuarbeiten.

KEIMLINGE VEREINZELN

Vorsichtig werden die Sämlinge vereinzelt. Man benötigt dazu einen Pikierstab, Töpfe, Erde und eine Sprühflasche.

1.

Frisch gekeimt: Bisher sind nur die Keimblätter sichtbar.

2.

Sobald sich das erste richtige Blattpaar nach den Keimblättern zeigt, können die kleinen Pflänzchen pikiert (vereinzelt) werden

3.

Mit einem Pikierstäbchen die kleinen Sämlinge vorsichtig aus der Erde holen. Zu lange Wurzeln mit dem Fingernagel einkürzen (abknipsen).

4.

In einem größeren Topf oder direkt an Ort und Stelle ein kleines Loch bohren.

5.

Die Sämlinge einzeln einsetzen und vorsichtig andrücken. Sie sollten stabil stehen.

6.

Das frisch pikierte Pflänzchen vorsichtig ansprühen oder angießen!

1

2

3

ist ab Mitte März der beste Zeitpunkt für die Aussaat auf der Fensterbank. Bei einer zu frühen Aussaat laufen Sie Gefahr, dass die Pflanzen dünntriebig und instabil werden.
Wenn die Keimblätter entwickelt sind und man schon das erste Laubblatt sehen kann, sollten zu dicht stehende Keimlinge auf größere Abstände verpflanzt (pikiert) und die jungen Pflänzchen etwas kühler gestellt werden.

AUSSAAT IM FRÜHBEET

Im März, wenn der Winter sich dem Ende entgegenneigt und die Tage schon merklich länger geworden sind, kann man anfangen, das erste Gemüse draußen zu säen. Die ersten Frühlingssonnenstrahlen haben den Boden im Frühbeet schon erwärmt und nachts sind die keimenden Samen gegen leichte Nachtfröste geschützt. Geeignet für eine Aussaat bei noch niedrigen Temperaturen sind unter anderem Radieschen, Kohl, Kopfsalat, Erbsen, Spinat, Mangold und Rettich.

AUSSÄEN IM FREIEN

Endlich wird es Frühjahr und die ersten Samen und Jungpflanzen können ins Freie gebracht werden. Die wichtigsten Informationen zu jeder Pflanze stehen auf den Saattütchen: optimale Saatzeit, Saattiefe und die Abstände zu den Nachbarpflanzen.

Winter ade – Boden vorbereiten

Sobald der Boden nach dem Winter etwas abgetrocknet ist, spritze ich meine Beete und auch An-

1. Saatbänder lassen sich am einfachsten zu zweit auslegen.

2. Pillensaatgut lässt sich leichter im richtigen Abstand säen.

3. Bei herkömmlichen Samen besteht die Gefahr, dass man zu dicht aussät.

zuchtschalen mit einer Kräutermischung aus Ackerschachtelhalm und Rainfarn. Für 1 l der Brühe mischt man jeweils 20 g getrockneten Ackerschachtelhalm mit 10 g Rainfarn. Das Ganze wird aufgekocht und anschließend abgeseiht. Ackerschachtelhalm hat sich als gutes Mittel bei Pilzkrankheiten und zur allgemeinen Bodengesundung bewährt. Rainfarn trifft die überwinternden Schädlinge im Boden. Die Kräuter kann man in der Apotheke oder im Internet kaufen.

Samenbad

Um den Samen eine optimale Starthilfe zu ermöglichen, gebe ich diese vor der Aussaat in ein Kräuterbad mit Humofix®, einem Kräuterpulver der Abtei Fulda (siehe S. 139). Es besteht aus Brennnessel, Schafgarbe, Löwenzahn, Baldrian und Kamille. Von dieser Fertigmischung gibt man eine Messerspitze in eine Tonschale und füllt diese mit Wasser auf. Nach etwa sechs Stunden kommen die Samen dazu und man rührt mit einem Holzspatel um, damit die Samen nicht zusammenkleben. Kohlarten bleiben 15 Minuten in dem Bad, Radieschen und Rettich 30 Minuten, Wurzelgemüse, Möhren und Sellerie 90 Minuten, alle anderen Samen 60 Minuten. Nach dieser Zeit werden die Samen durch ein Leinentuch gefiltert. Sind die Samen abgetrocknet, können sie ausgesät werden.

HUMOFIX®

Dieses Pulver wird hauptsächlich beim Kompostieren eingesetzt. Unsere Samen keimen nach einem Humofix®-Bad aber auch viel besser!

Ab in die Erde

Bei normalem Saatgut sind mehrere Samenkörner zusammen in einer Samentüte. Beim Aussäen kleiner Samen wie bei Salaten, Möhren oder Rote Bete ist es nicht ganz einfach, die Samenkörner im optimalen Abstand in den Boden zu bringen – meistens sät man zu dicht. Um das zu vermeiden, kann man sich behelfen, indem man die Samen mit etwas Sand vermischt oder spezielle Dosierhilfen nutzt.
Bei allen Saatmethoden ist es wichtig, die Angaben auf der Samentüte hinsichtlich Saattiefe und Abstand zwischen den Pflanzen zu beachten und die Saat mit einer feinen, dünnen Schicht Erde zu bedecken (sofern es sich nicht um einen Lichtkeimer handelt). Zum Schluss auf alle Fälle vorsichtig angießen – die Samen benötigen Feuchtigkeit, um zu keimen.
Stehen nach einigen Tagen oder Wochen die jungen Keimlinge zu eng, sollten sie vereinzelt (pikiert) werden. Damit die Saatreihen im gleichen Abstand zu den Nachbarreihen stehen, ist es eine große Hilfe, entlang einer Schnur zu aussäen.

INS BEET PFLANZEN

Wenn schon vorgezogene oder in der Gärtnerei gekaufte Pflanzen gesetzt werden, ist auch hier genügend Abstand zu den Nachbarpflanzen zu halten: Lieber eine Pflanze weniger setzen als zu dicht pflanzen.
Die vorgezogenen Jungpflanzen besitzen einen Wurzelballen und man kann meist gut erkennen, wie die feinen Wurzeln nach außen drängen. Setzen Sie diese Pflanzen etwa 1 cm höher als die Bodenoberfläche. Die Wurzeln wachsen trotzdem gut nach unten in das Erdreich. Sie werden es später aber so leichter haben, das Gemüse ohne Erde zu ernten.

SAATGUT-SONDERFORMEN

Samen gibt es in unterschiedlichen Angebotsformen, die die Aussaat oft erleichtern.

1

2

3

1. **PILLENSAAT:** Das Saatgut ist pilliert, d. h. jedes Korn ist mit so vielen neutralen Stoffen umhüllt, bis eine Saatpille entsteht. Unregelmäßige Saatformen und feiner Samen werden auf diese Weise vergrößert. Da die Pillen sehr einfach in regelmäßigen Abständen ausgelegt werden können, entsteht ein gleichmäßiges Wachstum. Für die Keimung verlangt pillierter Samen etwas mehr Feuchtigkeit als normaler Samen.

2. **SAATBÄNDER, -SCHEIBEN UND -TEPPICHE:** Hier sind die Samen bereits im optimalen Abstand in ein verrottbares Band oder eine Scheibe eingebracht. Das Band wird dann einfach in die vorhandene Saatrille gelegt, angegossen und mit Erde zu gedeckt. Saatbänder und Saatscheiben gibt es z. B. für Salate, Radieschen, Möhren, Mangold, Zwiebeln, Lauchzwiebeln, Feldsalat und verschiedene Kräuter.

3. **HORSTSAAT:** Bohnen werden als Horstsaat gesät. Dabei werden fünf bis sechs Bohnen in eine kleine Vertiefung gelegt. Bei Stangenbohnen werden die Samen direkt um das Rankgerüst gelegt.

MISCHKULTUR

Wie auch bei uns Menschen passen manche Pflanzen sehr gut zusammen und ergänzen sich perfekt. Andere mögen sich weniger oder können sich gar nicht leiden.

Beetplanung für gesunde Pflanzen

Wer seinen Garten biologisch bewirtschaften möchte, sollte sich auch ein wenig mit Mischkultur, Fruchtfolge, Reihenabstand, Vor- und Nachfrucht beschäftigen.

Bei der Mischkultur kommt es darauf an, Pflanzen nebeneinander wachsen zu lassen, die zueinanderpassen und somit die Wechselbeziehungen untereinander optimal zu nutzen. Die Kommunikation zwischen den Pflanzen läuft durch gasförmige Stoffe ab, die sowohl unter- als auch oberirdisch von den Wurzeln bzw. Blättern ausgeschieden werden. Diese Stoffe können die Umgebung der Pflanzen – Nachbarpflanzen oder Tiere – positiv oder negativ beeinflussen. So hat es sich zum Beispiel bewährt, Sellerie zwischen Kohl zu pflanzen. Diese Kombination schützt den Sellerie vor Sellerierost und hält Kohlweißlinge vom Kohl fern. Auf den Seiten 50 bis 61 finden Sie zwölf Musterbeete und ab Seite 94 bei den einzelnen Pflanzenporträts stehen Angaben, welche Gemüsearten sich vertragen und welche nicht. Zur Planung der Beete können Sie die Mischkultur-Tabelle in der hinteren Klappe des Buches nutzen. Hier finden Sie alle günstigen Pflanzenkombinationen und Hinweise auf einen Blick.

Kulturfolge

Die Reihenfolge der Gemüsekulturen innerhalb eines Jahres wird als Kulturfolge bezeichnet und in Vor-, Haupt- (und Neben-) und Nachfrucht unterteilt.

Abstände

Aus eigener Erfahrung möchte ich Ihnen noch mit auf den Weg geben lieber in größeren als in zu kleinen Abständen zu säen oder zu pflanzen. Pflanzen möchten wie die Menschen ein wenig Abstand zu ihren Nachbarn!
Als Pflanzabstand wird der Abstand zwischen den einzelnen Pflanzen innerhalb einer Reihe bezeichnet.
Der Reihenabstand bezieht sich auf den Abstand zwischen den einzelnen Pflanzreihen.

1

2

1. Die Mischung macht's: Verschiedene Gemüse, Salate und Kräuter ergänzen sich zu einer harmonischen Gemeinschaft.

2. Sellerie und Kohl mögen sich und Sellerie hält den Kohlweißling fern.

MIT EFFEKTIVEN MIKROORGANISMEN WIRD ES EINFACHER!

Wer einige Zeit mit Effektiven Mikroorganismen und Mulch gearbeitet hat, wird feststellen, dass es reicht, lediglich auf günstige und ungünstige Pflanzennachbarn zu achten. Im biologischen Anbau mit Kompost, Mulch und Effektiven Mikroorganismen (siehe S. 76) ist der Boden belebt und voller aufbauender Mikroben. Krankheitskeime aus dem Vorjahr tun sich in einem Milieu ohne Fäulnisprozesse sehr schwer. Bodenmüdigkeit und ausgelaugte Böden sind kein Thema mehr. Probieren Sie es aus!

Gemulchtes Beet mit Salat, Mangold, Kohl, Sellerie, Rote Bete und dazwischen Tagetes

FRUCHTFOLGE

Fruchtfolge bedeutet, dass einjährige Gemüsearten jedes Jahr auf ein anderes Beet gepflanzt werden. Dadurch wird erreicht, dass die im Boden enthaltenen Nährstoffe optimal genutzt werden. Gleichzeitig wird vermieden, dass Schädlinge und Krankheiten im Boden überhand nehmen. Würde man jedes Jahr dieselben Kulturen auf das gleiche Beet pflanzen, hätte das eine einseitige Ausnutzung der Nährstoffe zur Folge. Der Boden würde ausgelaugt und nach und nach würde es zu Wachstumshemmungen kommen. Die Pflanzen wären anfälliger für Schädlinge und Krankheiten: Mehltau, Rostbefall, Erdflöhe oder Kohlhernie würden auftreten.

Schädlinge und Krankheitserreger vermehren sich im Boden stärker, wenn immer wieder die gleichen Arten oder Arten derselben Pflanzenfamilie, zum Beispiel Hülsenfrüchte, nachfolgend auf das gleiche Beet kommen. Alle Gemüsearten werden nach ihren Nährstoffbedürfnissen in verschiedene Gruppen eingeteilt. Man spricht von Stark-, Mittel- und Schwachzehrern (siehe Mischkultur-Tabelle in der hinteren Buchklappe). Darüber hinaus arbeite ich mit Haupt- und Nebenkulturen von Gemüsegewächsen nach der sehr alten Lehre der Dreifelderwirtschaft, d. h. in der Beetplanung ist ein dreijähriger Fruchtwechselvorgesehen, im vierten Jahr wechseln dann auch die Pflanzen die drei Jahre lang auf demselben Beet waren.

Planungsgrundlage für 20 m²

Bevor die Gartensaison beginnt, hat man in den Wintermonaten Zeit, sich seinen Plan anzufertigen. Wenn diese Planung einmal gemacht ist, kann man sie jahrelang nutzen.

Als Planungsgrundlage gehe ich von einem Gartenbereich mit ca. 20 m² aus. Auf dieser Flä-

WER DARF STEHEN BLEIBEN?

HAUPTKULTUREN, DIE JÄHRLICH DAS BEET WECHSELN SOLLTEN

- Hülsenfrüchte: Busch- und Stangenbohne, Erbsen
- Kartoffeln
- Kohlgewächse: Blumenkohl, Brokkoli, Chinakohl, Grünkohl, Kohlrabi, Rot- und Weißkohl, Rosenkohl, Wirsing
- Wurzelgemüse: Möhre, Pastinake, Rettich und Radieschen, Rote Bete
- Zwiebelgemüse: Knoblauch, Lauch, Zwiebel

HAUPTKULTUREN, DIE ERST IM VIERTEN JAHR IHR BEET WECHSELN MÜSSEN

- Tomaten
- Erdbeeren
- Zucchini: Bleiben Zucchini drei Jahre auf dem gleichen Beet, ist es wichtig, sie gut mit Kompost zu versorgen und zu mulchen

che können sechs Beete angelegt werden, mit einer Größe von jeweils 1,5 x 1 m. Diese können mit dem Rahmensystem, aber natürlich auch in herkömmlicher Art und Weise angebaut werden und auch beliebig länger und breiter sein. Für die Musterbeete planen wir drei Beete mit einjährigen Hauptfrüchten, die im Wechsel angebaut werden, und drei Beete mit je einer ein- oder mehrjährigen Kultur, die drei Jahre auf dem Beet verbleiben kann bzw. drei Jahre hintereinander am gleichen Platz gepflanzt wird. Anhand der Beetbreite ergeben sich die möglichen Saatreihen auf dem Beet.
Meine Beete sind bedingt durch meine Rahmen alle 1 m breit, und somit können vier bis fünf Reihen verplant werden.

Die Planung zieht sich in drei Abschnitten durch das Jahr. Zunächst kommt die Frühjahrsbepflanzung und man schaut in die Mischkulturtabelle, welche Gemüse hier zusammenpassen. Im Frühjahr eignen sich hierzu Salate, Radieschen, Spinat und Kohlrabi. Manche Gemüse, zum Beispiel die Kohlarten, bleiben viele Wochen auf dem Beet, andere Gemüsearten, beispielsweise Spinat, werden bereits nach wenigen Wochen abgeerntet und machen schon wieder Platz für die Sommerbepflanzung. Ab August/September kommen dann die Wintersalate Endivien, Feldsalat oder Kohlrabi 'Superschmelz' auf die Beete. Hier ist es sinnvoll, extra „Winterbeete" zu planen, die abgedeckt werden können (siehe S. 29, 55).

2

1. Starkzehrer Zucchini will gut mit Kompost versorgt werden.

2. Kohlgewächse sollten jährlich das Beet wechseln.

„DREIFELDERWIRTSCHAFT“

Hauptkulturen

1. Jahr
Beet 1: Wurzel-, Zwiebelgemüse, Kartoffeln
Beet 2: Hülsenfrüchte (Erbsen und Bohnen)
Beet 3: Kohlgewächse
Beet 4: Erdbeeren
Beet 5: Tomaten
Beet 6: Zucchini

2. Jahr
Beet 1: Hülsenfrüchte (Erbsen und Bohnen)
Beet 2: Kohlgewächse
Beet 3: Wurzel- , Zwiebelgemüse, Kartoffeln
Beet 4: Erdbeeren
Beet 5: Tomaten
Beet 6: Zucchini

3. Jahr
Beet 1: Kohlgewächse
Beet 2: Wurzel- , Zwiebelgemüse, Kartoffeln
Beet 3: Hülsenfrüchte (Erbsen und Bohnen)
Beet 4: Erdbeeren
Beet 5: Tomaten
Beet 6: Zucchini

4. Jahr
Die Beete 1 bis 3 werden nun mit den Beeten 4 bis 6 getauscht.

Zu Beet 1 bis 3

Erbsen und Bohnen (Hülsenfrüchte) speichern Stickstoff im Boden, weshalb nach ihnen starkzehrende Kohlgewächse angebaut werden, die wiederum vom Stickstoff profitieren können. Erbsen benötigen tiefgründigen Boden und sollten deshalb nach Wurzelgemüse angebaut werden, die das Erdreich bis in tiefere Schichten gelockert haben.

Zu Beet 4 bis 6

Erdbeeren und Tomatenpflanzen können ohne Probleme drei Jahre hintereinander auf dem gleichen Beet bleiben. Bei der Zucchini (bitte mindestens zwei Pflanzen nebeneinander setzen, damit sie sich gegenseitig befruchten) sollte im Herbst mit einer ordentlichen Kompostgabe gedüngt werden und der Boden während des Jahres mit verschiedenen Mulchmaterialien versorgt werden.

Nebenkulturen

Zu den Hauptkulturen planen wir nun noch die passenden Nebenkulturen bzw. Vor- und Nachfrüchte. Dabei handelt es sich hauptsächlich um Blattgemüse – Asia-Salate, Chicorée, Endivie, Feldsalat, Fenchel, Kopfsalat, Mangold, Spinat Stangensellerie – und Fruchtgemüse: Gurken, Paprika, Kürbis (siehe Mischkultur-Tabelle in der hinteren Buchklappe).

TOMATEN MIT SALAT UND KOHLRABI

BENÖTIGTE PFLANZEN ODER SAATGUT
Pflücksalat, Spinat, Kopfsalat, Kohlrabi, 4 Tomaten (freilandgeeignete Sorten), Basilikum, Ringelblumen-Samen, Feldsalat oder Postelein, Endivie

1. BEET IM APRIL

Im April pflanzen wir in den äußeren Reihen Pflücksalat z. B. 'Salad Bowl', oder Kopfsalat mit Kohlrabi und auf die späteren Tomatenreihen Spinat. In die Mitte des Beetes säen oder pflanzen wir Ringelblumen zur Vorbeugung gegen Nematoden und Drahtwürmer. Beim Arbeiten mit dem Rahmen können wir bei Bedarf Pflanzen und Saat vor Kälte schützen.

2. BEET ENDE MAI NACH DEN EISHEILIGEN

Nach den Eisheiligen ist der Spinat abgeerntet und wir können unsere Freilandtomaten und dazwischen Basilikum pflanzen. In das Pflanzloch der Tomaten gibt man ausgereiften Kompost und kann auch gleich einige Stängel Brennnesseln als Starthilfe mit dazugeben.

3. BEET ENDE MITTE/ENDE AUGUST

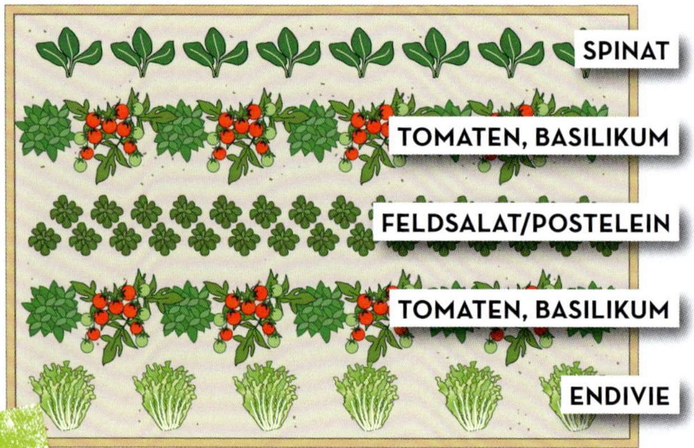

Zum Ende des Sommers pflanzen oder säen wir an die Ränder Spinat oder Endivie. Wo die Ringelblumen standen, wird Feldsalat oder Postelein gesät. Die Tomaten werden spätestens Anfang Oktober vom Beet geräumt. Die Wurzeln verbleiben im Boden. Im Herbst/Winter können wir Spinat, Postelein, Feldsalat und Endivie mit der Abdeckung vor den ersten kalten Nächten schützen und noch einige Wochen ernten.

TOMATEN UND BUNTE MISCHUNG

BENÖTIGTE PFLANZEN ODER SAATGUT
Pflücksalat, Steckzwiebeln, Rote Bete, 4 Tomaten (freilandgeeignete Sorten), Spinat, Feldsalat oder Postelein, Endivie

1. BEET IM MÄRZ/APRIL

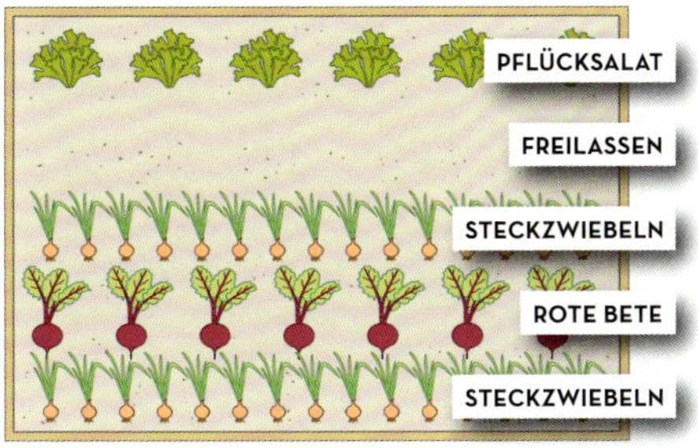

Wenn wir ein Beet mit Kälteschutz haben (z. B. Rahmenbeet mit Abdeckung), können wir bereits Ende März den Pflücksalat pflanzen, die Rote Bete säen und auch die Zwiebeln stecken.

2. BEET ENDE MAI

Im Mai setzen wir nach den Eisheiligen die Tomaten in die Lücken.

3. BEET MITTE/ENDE AUGUST

Im August sind die Zwiebeln erntereif. Die Reihen werden mit Endivie und Feldsalat oder Postelein ersetzt.

ERBSEN UND EINTOPFGEMÜSE

BENÖTIGTE PFLANZEN ODER SAATGUT

Niedrige, frühe Palerbsen (z. B. 'Kleine Rheinländerin'), frühe Möhren (z. B. 'Pariser Markt'), Stangensellerie, Grünkohl ('Niedriger Grüner Krauser' oder 'Halbhoher Grüner Krauser'), Endivie, Tagetes

1. BEET IM MÄRZ

Bereits im März können wir mit der Aussaat der Palerbsen und frühen Möhren beginnen. Das Beet wird zum Kälteschutz noch abgedeckt.

2. BEET ENDE JUNI/JULI

Nach dem Abernten von Erbsen und Möhren folgen Grünkohl, Stangensellerie und Endivie. Einige Tagetes werden als Beikraut zum Kohl gepflanzt.

KOHL AND FRIENDS

BENÖTIGTE PFLANZEN ODER SAATGUT

Spinat, Pflücksalat, Radieschen, Kohlrabi, Buschbohnen, Bohnenkraut, Rosenkohl, Tagetes, Ringelblumen, Feldsalat, Endivie

1. BEET IM MÄRZ

Im März pflanzen und säen wir alle Reihen. Pflanzen im Beet mit Wärmeabdeckung schützen. Bitte beachten, dass Kohlsorten (außer Kohlrabi) sehr viel Platz und Nähstoffe benötigen und eine lange Kulturdauer haben!

2. BEET MAI/JUNI NACH DEN EISHEILIGEN

Nach den Eisheiligen und dem Abernten von Spinat und Kohlrabi säen wir die Buschbohnen abwechselnd mit Bohnenkraut und pflanzen den Rosenkohl. Der Rosenkohl bleibt bis in den Winter auf dem Beet. Einige wenige Ringelblumen und Tagetes können als Beipflanzen zum Kohl gesät oder gepflanzt werden.

3. BEET IM SEPTEMBER

Sobald die Buschbohnen und der Pflücksalat die Beete geräumt haben, kommen nun je zwei Reihen mit Wintersalaten, Feldsalat und Endivie, dazu.

WURZEL- UND ZWIEBELGEMÜSE

BENÖTIGTE PFLANZEN ODER SAATGUT
Möhren, Dill, Zwiebeln, Lauch, Pastinaken

1. BEET IM APRIL

Im April säen wir Möhren (zusammen mit Dill) und Pastinaken. Durch die Dillsamen gehen die Möhren besser auf. Auch die Zwiebeln können wir schon stecken und den Sommerlauch pflanzen.

2. BEET IM AUGUST

Im Hochsommer wird das erntereife Gemüse gegen Endivie und Feldsalat ausgetauscht und es entsteht ein Winterbeet. Nach der Ernte von Lauch und Pastinaken können beide Salate mit Abdeckung noch lange auf dem Beet bleiben und nach Bedarf geerntet werden.

WINTERBEET FÜR WURZEL- UND ZWIEBELGEMÜSE

BENÖTIGTE PFLANZEN ODER SAATGUT
Kohlrabi, Salat, Zwiebeln, Möhren, Dill, Kerbel, Radieschen, Rote Bete, Lauch

1. BEET IM MÄRZ/APRIL

Im März/April können wir mit der Abdeckung schon das Beet komplett ansäen oder anpflanzen.

2. BEET IM MAI/JUNI

Sobald Radieschen und Salate abgeerntet ist, säen wir Rote Bete und pflanzen Lauch. Das Gemüse kann bis in den Herbst hinein auf dem Beet bleiben. Nach der Ernte können wir das Beet zu einem Winterlager umfunktionieren. Nicht benötigte Rote Bete und Möhren können für den Winter eingeschlagen werden.

BLATTGEMÜSE UND KOHL

BENÖTIGTE PFLANZEN ODER SAATGUT

Spinat, Kopfsalat, Kohlrabi, Frühkohl, Knollensellerie, Lauch, Endivie, Feldsalat, Ringelblumen, Tagetes

1. BEET IM MÄRZ

Im März säen wir den Spinat und in der Mittelreihe Kopfsalat abwechselnd mit Kohlrabi. Bei Bedarf mit der Abdeckung vor Frost schützen.

2. BEET ENDE MAI

Im Mai kommen auf die Randreihen frühe Kohlsorten abwechselnd mit Salat. Die Mittelreihe wird mit Knollensellerie und Lauch bepflanzt. Einige wenige Ringelblumen und Tagetes können als Beipflanzen zum Kohl gesät werden. Ringelblumen werden bis zu 40 cm hoch und können bei Bedarf auf 15 cm eingekürzt werden. Sie treiben dann wieder neu aus.

3. BEET IM JULI

Bitte beachten, dass Kohlsorten sehr viel Platz benötigen und eine lange Fruchtdauer haben. Nach der Ernte des Kohls können wir nun Endivie pflanzen.

4. BEET IM OKTOBER

Nach der Ernte von Lauch und Knollensellerie kommt nun Feldsalat auf das Beet. Entstanden ist ein Winterbeet, das bei Frostgefahr abgedeckt werden kann.

KOHL UND BOHNEN

BENÖTIGTE PFLANZEN ODER SAATGUT
Spinat, Pflücksalat, Dill, Kohlrabi, Buschbohnen, Spitz- oder Rotkohl, Stangensellerie, Ringelbumen, Tagetes

1. BEET IM MÄRZ

Im März können wir schon das komplette Beet anpflanzen bzw. ansäen und mit der Abdeckung die Pflanzen und Saat von Frost schützen.

2. BEET AB MITTE MAI

Im Mai, wenn Spinat und Kohlrabi abgeerntet sind, werden die Reihen mit Buschbohnen, Spitz- und Rotkohl sowie Sellerie ersetzt. Ringelblumen und Tagetes können als Beipflanzen zum Kohl direkt ins Beet gesät werden.

3. BEET IM SEPTEMBER

Im September stehen nur noch Spitz- und Rotkohl sowie Stangensellerie in der Beetmitte – bis zum ersten Frost. In den Randbereichen kann nun Feldsalat angebaut werden.

ERDBEEREN UND LAUCH

BENÖTIGTE PFLANZEN ODER SAATGUT

Erdbeeren, Zwiebeln, Knoblauch, Feldsalat, Lauch

1. BEET IM MÄRZ

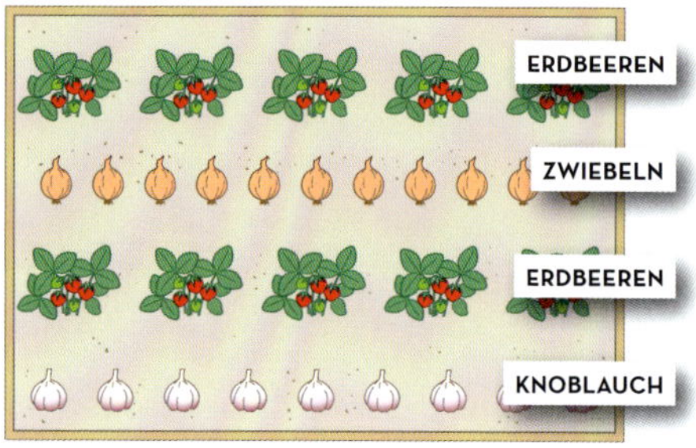

Wir legen unser Erdbeerbeet so an, dass jede Erdbeerpflanze 30 cm zur Nachbarpflanze und ca. 50 cm zur nächsten Reihe hat. Zwischen die Erdbeerreihen bzw. an den Rand pflanzen wir Zwiebeln und Knoblauch (nicht zu eng pflanzen!).

2. BEET ENDE MAI

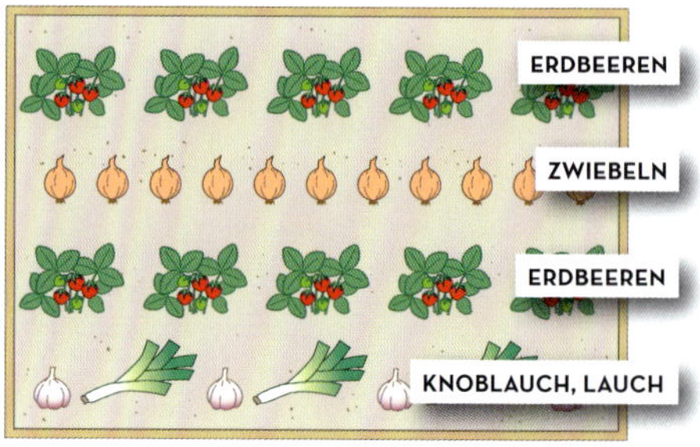

Wenn der Knoblauch nicht zu eng gesteckt wurde, lässt sich Lauch dazwischen setzen.

3. BEET IM JULI

Sobald die Zwiebeln abgeerntet sind, können wir die Reihen noch für den Anbau von Feldsalat nutzen.

ERDBEEREN UND SALAT

BENÖTIGTE PFLANZEN ODER SAATGUT
Erdbeeren, Zwiebeln, Spinat, Salat, Feldsalat

1. BEET IM MÄRZ

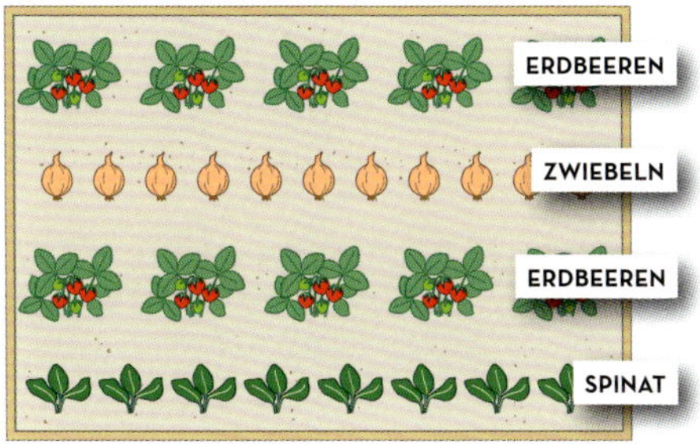

Wir legen unser Erdbeerbeet so an, dass jede Erdbeerpflanze 30 cm zur Nachbarpflanze und ca. 50 cm zur nächsten Reihe hat. Zwischen die Erdbeerreihen bzw. an den Rand pflanzen wir Zwiebeln und Spinat.

2. BEET IM MAI

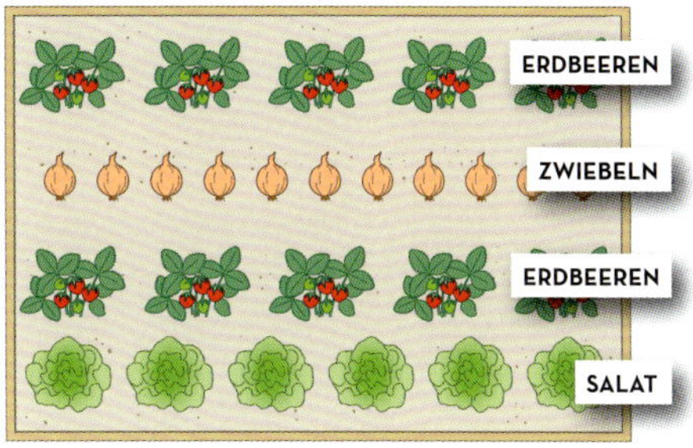

Sobald der Spinat abgeerntet ist, nutzen wir die Reihe für den Anbau von Salat.

3. BEET IM AUGUST

Nach der Ernte von Salat und Zwiebeln können wir nun diese Reihen für den Anbau von Feldsalat nutzen.

ZUCCHINI UND ZWIEBELN

BENÖTIGTE PFLANZEN ODER SAATGUT
Steckzwiebeln, 2 Zucchinipflanzen, Spinat

1. BEET IM MÄRZ

Im März stecken wir an den Rändern Steckzwiebeln. Zu dieser Zeit decken wir das Beet mit der Wärmeabdeckung ab. Die frischen grünen Blätter, die sogenannten Schlotten, können wir wunderbar in der Küche nutzen.

2. BEET IM MAI

Nach den Eisheiligen pflanzen wir zwei vorgezogene Zucchinipflanzen in einem möglichst großen Abstand auf das Beet. Solange die Zucchinipflanzen noch im Wachsen sind, können wir die Schlotten der Zwiebeln ernten. Voll entwickelte Zucchinipflanzen beschatten das gesamte Beet und unterdrücken die Zwiebeln. Die jungen und zarten Zwiebeln werden geerntet, weil sie nicht mehr weiterwachsen und zum Faulen neigen.

3. BEET AM ENDE DER KULTURZEIT

Nach Ende der Kulturzeit säen wir auf das gesamte Beet breitwürfig Winterspinat, der über den Winter dort bleiben kann.

ZUCCHINI UND SALATE

BENÖTIGTE PFLANZEN ODER SAATGUT

Radieschen, 2 Zucchinipflanzen, Schnittsalat, Asia-Salate, Winterspinat, Postelein oder Feldsalat

1. BEET IM MÄRZ

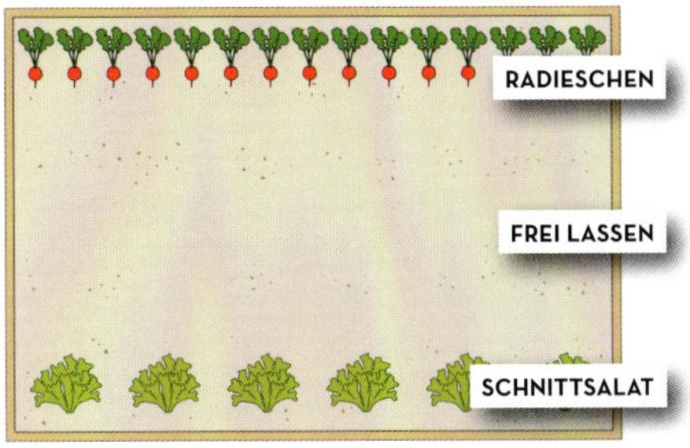

Im März säen wir an den Rändern Radieschen und Schnittsalat. Zu dieser Zeit decken wir das Beet mit der Wärmeabdeckung ab.

2. BEET IM MAI

Nach den Eisheiligen pflanzen wir zwei vorgezogene Zucchinipflanzen in einem möglichst großen Abstand auf das Beet. Solange die Zucchinipflanzen noch im Wachsen sind, können wir den Schnittsalat ernten. Voll entwickelte Zucchinipflanzen beschatten das gesamte Beet und unterdrücken jetzt alles andere.

3. BEET IM AUGUST/SEPTEMBER

Wenn die Zucchinipflanzen abgeerntet sind, säen wir Winterspinat ('Winterriesen' oder 'Verdil'), verschiedenen Asia-Salate, Postelein oder Feldsalat. Es entsteht ein Winterbeet, das mit einer Abdeckung lange bis in den Winter genutzt werden kann.

PFLEGE

Humus, Kompost und Terra Preta

Das wichtigste Ziel jedes Gärtners ist ein fruchtbarer und humusreicher Gartenboden – voller Leben. Dies gelingt nur, wenn genügend organisches Material für die Bodenbewohner vorhanden ist.

Als Humus bezeichnet man die gesamte abgestorbene organische Substanz des Bodens. Sie besteht überwiegend aus Pflanzenresten, die von Bodenorganismen in mikroskopisch kleine Teile zerlegt werden. Auch die Reste von Tieren und Mikroorganismen werden letzten Endes in Humus umgewandelt. Humus trägt wesentlich zur Verbesserung aller Bodenstrukturen bei: Schwere Böden werden aufgelockert und besser durchlüftet. Sandige Böden brauchen den Humus, damit Wasser und Nähstoffe besser festgehalten werden und den Pflanzen zur Verfügung gestellt werden können.

Besonders Regenwürmer sind unsere unermüdlichen Helfer im Garten. Nachts ziehen sie welke Blätter und Grashalme in ihre senkrechten Gänge und beschleunigen so die Zersetzung abgestorbener Pflanzenteile. Die Röhrenwände werden beim Durchkriechen mit Kot austapeziert. Während des Trocknungsprozesses erreichen sie eine gewisse Festigkeit. Die Röhren lockern den Boden auf und das Wasser kann sich so besser im Boden verteilen. Füttern wir unsere Regenwürmer ständig mit neuem organischem Material, haben sie keinen Grund abzuwandern und machen durch ihre Arbeit unseren Gartenboden immer fruchtbarer.

Das Leben spielt sich hauptsächlich in den obersten 10 bis 30 cm unseres Bodens ab, also genau dort, wo unsere Pflanzen wachsen. Legen wir einen Garten neu an, finden wir selten einen optimalen humusreichen Boden vor. Baumaschinen haben den Boden oft verdichtet oder der Boden wurde Jahre lang nicht bearbeitet. Durch geschickte Bewirtschaftungsformen mit Kompost, Mulch und dem Einsatz von Effektiven Mikroorganismen bauen wir ständig Humus auf und verbessern den Boden Stück für Stück.

ALLER ANFANG IST SCHWER

Als ich mit dem Gärtnern begann, fand ich alles andere als einen feinkrümeligen Boden vor. Regenwürmer sah ich keine und nicht einmal Schnecken wollten sich in diesen fast wie zu Be-

ton zusammengebackenen Erdklumpen verkriechen. An das Pflanzen von Gemüse war unter diesen Umständen gar nicht erst zu denken, weil die feinen Haarwurzel hier unmöglich weiterwachsen konnten. Findet man ähnliche Voraussetzungen vor, ist es angebracht die Fläche einmal tiefgründig zu bearbeiten und die großen Erdbrocken mit entsprechenden Gartengeräten so gut wie möglich zu zerkleinern. Oft ist es auch sinnvoll, Sand und Kompost einzuarbeiten. Fertigen Kompost bekommt man bei Städten und Gemeinden, die Grünabfälle verwerten.

KOMPOST

Kompost liefert uns bodenverbesserndes Material und wir können bequem organische Abfälle entsorgen. Durch das Aufbringen von Kompost auf den Gartenbeeten wird der Boden mit Mikroorganismen geimpft, die das Leben im Boden anregen.
Zunächst gilt es, einen geeigneten, gut erreichbaren Platz im Garten zu finden, der einerseits

WAS DARF AUF DEN KOMPOST?

DAS DARF AUF DEN KOMPOST

Gemüse- und Obstreste, Eierschalen, Blumen oder Kräuter, Rasenschnitt (leicht antrocknen lassen), kleine Mengen Haushaltstücher und Pappe, Tee- und Kaffeesatz, Laub und Strauchschnitt, Mist von Haustieren (nur in geringen Mengen)

DAS DARF NICHT AUF DEN KOMPOST

Essensreste, v. a. Fleisch (lockt Ratten an), Pflanzenreste, die von Pilzen befallen sind, Asche, Zitrusfrüchte, schlecht verrottbares Laub von Eichen, Nuss- und Kastanienbäumen, farbiges Papier

Bei der Neuanlange eines Kompostes kann man mit Humofix® den Rotteprozess wesentlich verkürzen.

für die Kompostbehälter Raum bietet, aber auch noch eine Fläche, um den reifen Kompost zu sieben und abzutransportieren. Optimal ist ein halbschattiger, möglichst windgeschützter Ort. Wird der Kompost durch direkte Sonneneinstrahlung zu warm, lässt dies die organischen Materialien vertrocknen. Die Folge ist ein zu trockener Kompost, in dem die Mikroorganismen nicht mehr effizient arbeiten können. Im Sommer sollte der Kompost daher je nach Bedarf ein- bis zweimal in der Woche gegossen werden.

Kompostbehälter

Die Auswahl an Kompostern ist riesig. Letztendlich ist neben den optischen Gründen vor allem die Funktionalität entscheidend. Ich nutze in meinem Garten zwei Schnellkomposter aus Kunststoff. Diese stehen auf einer Bodenplatte, haben eine Klappe zum Entnehmen und Umschaufeln von Kompost und einen Deckel mit Lüftung. Die Rotte läuft in einem geschlossenen und mäuse- bzw. rattensicheren Behältnis in sehr schneller Zeit ab. Der Kompostbehälter sollte auf offener Erde stehen, damit die Bodenlebewesen ein- und auswandern können und überschüssige Feuchtigkeit abfließen kann.

Kompost richtig anlegen

Entscheidend ist das richtige Schichten der Materialien, damit der Kompost gut durchlüftet wird. Trockenes und feuchtes Material sollten sich abwechseln und locker und luftdurchlässig geschichtet werden, damit es nicht zu Staunässe und Fäulnis kommen kann. Damit unser Kompost kostbare, feinkrümelige und gut riechende Komposterde hervorbringt, ist das richtige Verhältnis von Kohlenstoff und Stickstoff (C/N-Verhältnis) ausschlaggebend. Diese beiden Stoffe benötigen unsere Helfer im Kompost für ihren Stoffwechsel und zwar im Verhältnis 30:1. Bei diesem idealen Verhältnis verläuft die Rotte optimal.
Zum Start ist es wichtig, der Rotte einen guten Impuls zu geben. Vielleicht hat Ihr Nachbar schon einen längere Zeit im Betrieb befindlichen Komposthaufen und gibt Ihnen eine Schaufel Kompost. Hiermit können Sie nun Ihren Bioabfall beimpfen. Es gibt auch Kompostwürmer zu kaufen. Eine tolle Möglichkeit, die Rotte in Gang zu bringen und zu beschleunigen, ist die Anwendung von Humofix®, einem Pflanzenpulver aus der Abtei Fulda (siehe S. 139), das hier bereits seit 1951 hergestellt wird. Organisches Material wird durch die Zugabe dieser Mischung innerhalb weniger Wochen in Kompost umgewandelt. Bei richtiger Anwendung entsteht oft eine Anfangstemperatur von bis zu 60 °C, bei der die Keimfähigkeit der Unkrautsamen, Krankheitserreger und Schädlingen zerstört werden. Schon nach wenigen Wochen sind unsere Abfälle dank Humofix® zu einem tollen Kompost geworden. Diesen können wir nun oberflächig auf unserem Beet einarbeiten. Auch hier gilt: Nichts übertreiben!

HERSTELLUNG VON TERRA-PRETA-ÄHNLICHER ERDE

Terra Preta heißt die von den Indios über Jahrhunderte hergestellte, fruchtbare, holzkohlehaltige schwarze Wundererde aus dem Amazonas-Gebiet. Diese Erde kann Nährstoffe über einen sehr langen Zeitraum speichern. Sie ist somit nachhaltig fruchtbar und humusreich. Forscher fanden in Terra Preta Holzkohle, Exkremente, Asche, terrestrische und aquatische Biomasse und sogar Lebensmittelabfälle. In luftdichten Tongefäßen entstanden die fruchtbaren Erden durch das Mischen von Fäkalien mit Holzkohle und weiteren Abfällen. Die Terra Preta im Amazonas entstand über einen sehr langen Zeitraum, weshalb es vermessen wäre, unsere selbst hergestellte schwarze Erde mit ihr gleichzusetzen. Das entscheidende Material in diesem Gemisch ist die

C/N-VERTEILUNG

- Sägemehl 500:1
- Weizenstroh 125:1
- Laubstreu 30 bis 60:1
- Altes Mulchmaterial 55:1
- Kartoffelkraut 25:1
- Küchenabfälle 20:1
- Rasenschnitt, leicht angetrocknet 15:1
- Hornspäne 1:1
- Gartenabfälle, Bestandteile von Stauden, kleinere Äste: Gartenabfälle verrotten viel schneller, wenn sie zuvor mit einem Häcksler oder – noch viel einfacher – mit dem Rasenmäher zerkleinert werden.

HUMOFIX®

Ein Päckchen Humofix in 1 l Wasser, wenn möglich Regenwasser, einrühren und 24 Stunden stehen lassen. Vor Gebrauch immer gut schütteln. Dieser Ansatz reicht für 2 m³. Fünf senkrechte Löcher bis ca. 20 cm über dem Boden in den Kompost bohren (gut verteilt). Humofix® mit kreisenden Bewegungen in die Löcher spritzen.

Die schichtweise Zugabe von Pflanzenkohle lässt unseren Bioabfall zu Terra-Preta-ähnlichem Boden werden.

Holzkohle. Sie hat eine unglaubliche große Oberfläche, auf der sich Mikroorganismen sehr gut ansiedeln und Nährstoffe eingelagert werden können. Außerdem verhindert Holzkohle die Entstehung von Fäulnis und Methangas. Sie bindet entstehende Gerüche. Durch ihre Strukturstabilität bleibt sie dem Boden über einen langen Zeitraum erhalten.

Die Aufladung von Pflanzenkohle durch Zusatz und Vermischung mit Kompost stellt die beste Möglichkeit zur Herstellung von Terra-Preta-ähnlichen Substraten dar. Im Kompost ist die mikrobielle Belebung am höchsten, die Nährstoffe sind bereits in komplexen organischen Verbindungen eingebaut und das fertige Substrat kommt dem Humus des Bodens bereits sehr nahe.

Am besten gibt man die Pflanzenkohle dem Kompost bereits beim Aufsetzen der Miete im Verhältnis von 10 % zur Biomasse zu, wodurch die Nährstoffeffizienz des Komposts deutlich verbessert wird. Häufiges Wenden ist sowohl für die homogene Nährstoffverteilung als auch für die Aktivität der Mikroorganismen wichtig. Zwischen die einzelnen Kompostlagen gebe ich noch immer noch eine Handvoll Urgesteinsmehl, das den Kompost mit Mineralien anreichert. Für die Fermentation des Ganzen gibt man Effektive Mikroorganismen (siehe S. 76) hinzu. Mittlerweile gibt es auch schon Fertigprodukte, die aus Bioholzkohle, Urgesteinsmehl, spezifischen Effektiven Mikroorganismen, Mykorrhizapilzen, Algen und Keramikpulver bestehen und somit alles beinhalten, was man zu Herstellung von schwarzer Erde benötigt. In Zukunft werde ich mit dieser optimalen Fertigmischung namens Terra Symbiotica arbeiten.

1

2

3

FRISCHE- ODER REIFE-KOMPOST?

Mit einem Kresse-Test kann man prüfen, ob der Kompost noch Frische- oder schon Reife-Kompost ist. Hierfür geben Sie etwas Kompost in eine Schale und streuen einige Kressesamen darauf. Die Samen werden leicht feucht gehalten und mit eine Folie oder Glas abgedeckt. Wenn die Samen nach einigen Tagen keimen und nach weiteren sechs bis acht Tage grün bis dunkelgrün bleiben, ist der Kompost bereits reif und kann in die Beete eingearbeitet werden. Geht die Saat schlecht oder gar nicht auf bzw. werden die Kresseblätter gelb oder braun, so haben wir noch Frischkompost, der noch etwas länger im Komposter bleiben sollte.
Geduld zahlt sich aus. Wird der Kompost zu früh ausgebracht, kommt es aufgrund einer Stickstoff-Blockade bei den Pflanzen eher zu einem Wachstumshemmnis.

1. Mit einer sparsamen Gabe Urgesteinsmehl kommen zusätzliche Mineralien in den Kompost.

2. Nicht übertreiben! Bringen Sie pro Beet nur einige Schaufeln der Terra-Preta-ähnlichen Erde auf, damit nicht überdüngt wird.

3. Nach einigen Monaten ist der Bioabfall zu einem fruchtbaren „schwarzen Boden“ geworden.

Pflanzen richtig pflegen

Damit die laufende Pflege unseres Gartens zeitlich im Rahmen bleibt, ist es wichtig, möglichst effektiv zu arbeiten und auf unnötige Arbeitsschritte ganz zu verzichten. Allein das Mulchen kann einen wertvollen Beitrag leisten.

TOP 10 GIESSTIPPS

1. Gießen Sie am besten am frühen Morgen oder abends nach Sonnenuntergang.
2. Nicht in der prallen Mittagssonne gießen, um Verbrennungsschäden zu vermeiden.
3. Intensiver, aber nur alle paar Tage gießen.
4. Den Boden um die Pflanzen herum gießen.
5. Besonders bei Tomaten (Braunfäule) und Gurken (Falscher Mehltau) sollten die Blätter nicht nass werden, sonst droht Pilzbefall.
6. Verwenden Sie einen Gartenschlauch oder eine Gießkanne.
7. Generell brauchen Pflanzen an sonnigen Plätzen mehr Wasser als Schattengewächse.
8. Als Faustregel für die Gießmenge gilt: Je größer die Blätter, desto höher der Wasserbedarf.
9. Südländische Kräuter wie Thymian und Rosmarin erst gießen, wenn die Erde ausgetrocknet ist.
10. Pflanzen in Töpfen benötigen mehr Wasser.

Wir wollen unsere Pflanzen optimal mit Wasser versorgen. Dabei kommt es auf die richtige Menge zum richtigen Zeitpunkt an. Wenn Sie die Möglichkeiten haben, Regenwasser aufzufangen, sollten Sie dies auf jeden Fall tun. Perfekt wäre ein größerer Tank, der in der Erde vergraben ist und mehrere tausend Liter fasst. Das Wasser wird mit einer Pumpe nach oben gefördert. Solche baulichen Maßnahmen sind meistens nur während der Bauphase möglich. Alternativ sammelt man Regenwasser in einer Regentonne, die von einem Regenabflussrohr gespeist wird. Ich gieße in der Regel am Abend mit einem Schlauch Regenwasser und verwende eine Düse mit einem ganz weichen Strahl. Mittlerweile gibt es auch computergesteuerte Bewässerungssysteme, mit denen man die Pflanzen bestens versorgen kann.

JÄTEN

Unkraut zu jäten kostet viel Zeit und macht den meisten Menschen keinen Spaß! Unkräuter, oft sind es auch essbare Wildkräuter, konkurrieren

1

2

1. Die Pendelhacke ist das wichtigste Gartengerät im Biogarten: Man kann damit Unkraut jäten und gleichzeitig den Boden lockern.

2. Gute Gießbrausen haben verschiedene Einstellmöglichkeiten für einen optimalen Wasserstrahl.

mit unseren Gemüsepflanzen um Nährstoffe, Platz und Wasser. Ihre Wuchsfreudigkeit ist unseren Kulturpflanzen oft weit überlegen und so gilt es, diese möglichst im Anfangsstadium zu entfernen.
In einem Biogarten arbeitet man natürlich ausschließlich mit mechanischen Gartenwerkzeugen und verzichtet auf Chemie. In meinem Garten nutze ich in den Beeten nur die Pendelhacke und die Jätschlinge. Der Vorteil ist, dass die Unkräuter hierbei unterirdisch abgeschnitten werden und als Mulchschicht auf dem Beet bleiben. Unser Ziel sollte es sein, dem Unkraut möglichst wenige Chancen zu geben sich auszubreiten. Die beste Möglichkeit, um Unkräuter in den Beeten zu verhindern, ist das Mulchen.

MULCHEN

Wenn man ohne weitere Kenntnisse die Vorgänge in der Natur beobachtet, so wird man schnell feststellen, wie schutzlos nackte Erde den Elementen Wasser, Wind und Sonne ausgeliefert ist. Wasser und Winde schwemmen bzw. blasen fruchtbaren Boden weg. Die ungeschützten Sonnenstrahlen machen den Boden hart und rauben ihm die Feuchtigkeit. Genau diese verhängnisvollen Abläufe sollten wir in unserem Garten vermeiden.
Ein wesentlicher Vorteil des Mulchens wird uns durch das Leben der Regenwürmer vor Augen geführt. Würmer brauchen ständig Nahrung, wenn sie ihre Arbeit fortwährend machen sollen. In gemulchten Gärten gibt es immer genügend Nahrung für alle Organismen, die an einer Rotte beteiligt sind. Ein weiterer großer Vorteil ist, dass die Samen unerwünschter Unkräuter schlecht oder gar nicht keimen können, wenn sie abgedeckt sind. Gemulchter Boden ist immer bedeckt und das Wasser kann nicht so schnell verdunsten. Die Bodenorganismen bleiben bis in die oberste Schicht aktiv, Regenwürmer holen sich aus der Mulchschicht ihr Futter und der Boden bleibt locker. Was wollen wir mehr? Mulchen ist letztendlich ein Kompostieren an Ort und Stelle: Während der Verrottung der Mulchschicht werden dem Boden ständig neue

Gartenabfälle können leicht mit einem Rasenmäher zerkleinert werden. Diese Arbeit mache ich gleich mit, wenn ich den Rasen ohnehin mähen muss!

Nährstoffe zugeführt. Durch die Nährstoffzufuhr über die Mulchschicht muss man nicht mehr alle Pflanzen im Garten mit Dünger versorgen. Für die meisten Pflanzen reicht die Versorgung mit nährstoffhaltigem Mulchmaterial aus. Nur Pflanzen mit höheren Nährstoffansprüchen wie die Starkzehrer, Kohlgemüse oder Tomaten (siehe S. 112) benötigen eine gezielte Düngung. In einem gemulchten Beet müssen Sie nicht mehr hacken oder umgraben. Es reicht, wenn Sie den Boden nur mit der Pendelhacke oder Grabegabel auflockern. Die Pflanzen, die in der Mulchschicht stehen, erhalten schnell wertvolle Nähstoffe und außerdem auch die Verrottungswärme dazu.

Man kann die Blätter in ganzer Größe zwischen die Pflanzen legen oder vorher etwas zerkleinern. Ich sammle Mulchmaterial einige Tage und zerkleinere es dann bei einem ohnehin notwendigen Rasenschnitt einfach mit meinem Rasenmäher. Aus einem großen Haufen Bioabfall mit ganz verschiedenen Pflanzenabfällen bleiben nicht mehr als zwei Körbe zerkleinertes Mulchmaterial übrig. Mittlerweile mähe ich mit meinem Rasenmäher schon brennnesselbewachsene Nachbargrundstücke, weil mein Bioabfall nicht für meine Beete reicht.

Wenn keine Pflanzen auf dem Beet sind, können Sie das Mulchmaterial großflächig etwa 5 bis 8 cm hoch auf das Beet geben und mit Effektiven Mikroorganismen (siehe S. 76) gießen. Wachsen schon Pflanzen auf dem Beet, so geben sie den Mulch vorsichtig um die Pflanzen herum. Nach dem Winter werden nicht verrottete Mulchrückstände leicht in die Bodenoberschicht eingearbeitet und der Boden kann sich dann schneller erwärmen. Wer konsequent mulcht, braucht nicht mehr umzugraben.

1

3

2

4

DÜNGEN IM BIOGARTEN

Es versteht sich von selbst, dass in einem Biogarten keine chemischen Düngemittel zur Anwendung kommen. Düngen im Biogarten heißt Humusaufbau. Dies wird zum größten Teil über Kompost und Mulch ermöglicht. Der Bioabfall wird langsam zu Humus und die Bodenfruchtbarkeit dadurch erhöht. Unsere Pflanzen wiederum entziehen dem Boden auch ständig Nährstoffe. Der erfahrene Gärtner sieht es seinen Pflanzen an, wenn sie zusätzliche Hilfe in Form von Düngung benötigen. Letztendlich kommen unsere ausgebrachten „Mittelchen" zunächst unserem Boden und dann den Pflanzen zu Gute.

Pflanzenjauchen

Jauchen und Brühen sind einfach und kostenlos herzustellen, wirkungsvoll, ökologisch und locken nützliche Gartenhelfer an, beispielsweise

1. Die zerkleinerten Gartenabfälle können etwa 5 cm hoch auf die Beete gegeben werden.

2. Zum Setzen wird die Mulchschicht etwas zur Seite geschoben.

3. Für die Aussaat in der Mulchschicht einen etwa 5 cm breiten Streifen von Mulch befreien, damit die Samen Erdkontakt bekommen.

4. Hat man vor dem Mulchen gepflanzt, verteilt man das Mulchmaterial vorsichtig um die Pflanzen herum.

Brennnesseln haben einen hohen Stickstoffgehalt, erhöhen die Widerstandskräfte der Pflanze und wirken, direkt auf die Blätter und Triebe ausgebracht, auch insektenabwehrend. Beinwell wird für die gleichen Zwecke verwendet wie Brennnessel und enthält neben Stickstoff auch Kalium.

MATERIALIEN ZUM MULCHEN

- Grasschnitt, den Sie leicht anwelken lassen
- Abfälle von Gemüse, Salat, Stauden, Kräutern, Laub
- Tomatenblätter: zwischen Tomaten- oder Kohlpflanzen legen!
- Brennnesselblätter: Lieblingsspeise von Regenwürmern
- Beinwellblätter eignen sich als kalihaltiges Material besonders gut für Tomaten und Gurken

Regenwürmer. Diese Naturdünger enthalten viel Stickstoff und Kalium. Sie sind damit für fast alle Pflanzen eine gute Stärkung und fördern die Bildung des grünen Blattfarbstoffs Chlorophyll. Die einzigen Pflanzen, die eine derart stickstoffreiche Nahrungsergänzung nicht mögen, sind Erbsen, Möhren, Knoblauch und Zwiebeln.

Pflanzenjauche können Sie aus verschiedenen Pflanzen herstellen, besonders empfehlenswert sind Brennnessel und Beinwell. Diese Pflanzen kann man leicht in seinem Garten kultivieren und somit nicht nur für den Wildkräutersalat und die Naturapotheke nutzen, sondern auch als Pflanzendünger.

Als Faustregel sollte man für einen Ansatz 1 kg Pflanzenmaterial auf 10 l Wasser rechnen. Zerkleinern Sie die Pflanzen etwas und geben Sie sie in ein Gefäß (Eimer, Plastikkanister, Tonne oder Wanne). Danach werden die Pflanzen mit Wasser übergossen und sollten zwei Wochen gären. Das Schäumen der Anfangstage ist dann nicht mehr wahrzunehmen und den Geruch kann man sehr gut mit „EM Garten“ (etwa 100 ml auf 10 l Ansatz) neutralisieren. Nach die-

1. Bewährt haben sich solche Plastikkanister. Man kann die Jauche darin ansetzen und nach dem Abseihen auch darin aufbewahren.

2. Pflanzenjauche: 1 l Jauche mit 9 l Wasser mischen. Nur den Wurzelbereich der Pflanzen damit gießen.

1

2

ser Zeit filtern Sie die dunkle Flüssigkeit in geeignete Gefäße (nicht aus Metall!) mit einem luftdurchlässigen Deckel ab. Den Dünger sollten Sie nie unverdünnt anwenden, sondern immer mit Wasser verdünnen. Mit der Empfehlung der Gärtnerin Schwester Christa Weinreich OSB von der Abtei Fulda habe ich selbst sehr gute Erfahrungen gemacht: Zur Stärkung und Kräftigung werden alle Pflanzen einmal wöchentlich mit der Pflanzenjauche in einer Konzentration von 1:50 eingesprüht – idealerweise nach Regen. Zur Ernährung der Pflanzen werden sie morgens bei feuchter Erde etwa alle zwei Wochen im Wurzelbereich mit der Jauche gegossen. Bei empfindlichen Gewächsen sollte sogar noch etwas mehr Wasser hinzugegeben werden. Beim Düngen immer darauf achten, dass nicht über die Blätter, sondern nur der Wurzelbereich gegossen wird. Der fertige Dünger kann, fest verschlossen in einem Gefäß aufbewahrt werden und bis in den Herbst zum Düngen genutzt werden.

Mit Brennnesseljauche können Sie auch Schädlinge im Garten bekämpfen, indem Sie die befallenen Pflanzen über mehrere Tage mit der unverdünnten Jauche einsprühen.

KRÄUTERSMOOTHIES STATT JAUCHE

Man füllt einen Küchenmixer locker etwa zur Hälfte z. B. mit jungen Brennnesseltrieben, füllt mit Wasser auf und mixt alles. 1 l dieser Mischung verdünnt man mit 9 l Wasser. Schwachzehrer wie Salate und Kohlrabi gieße ich einmal, Starkzehrer wie Tomaten, Paprika, Zucchini und Kopfkohlarten zwei- bis dreimal in der Wachstumszeit.

Effektive Mikroorganismen

Mit Effektiven Mikroorganismen entstehen gesunde Böden und dadurch gesunde Pflanzen, denn Gesundheit für Mensch und Tier fängt im Boden an.

Der Japaner Teruo Higa, Professor für Gartenbau an der Universität in Okinawa, forschte über viele Jahre an Zitrusfrüchten mit einem hohen Chemieeinsatz. Dies führte bei ihm zu einer schweren Krankheit und zum Umdenken seiner bisherigen Arbeitsweise. Er beschäftigte sich nun mit verschiedenen Mikrobenstämmen und fand durch Mischen verschiedener dominanter, positiver Mikroorganismen eine optimale Kombination. Es handelt sich um eine Multimikrobenmischung von hauptsächlich Milchsäure- und Fotosynthesebakterien, Hefen und fermentaktiven Pilzen, von denen die meisten für die Herstellung von Lebensmitteln verwendet werden oder darin vorkommen. (Sauerkraut, Bier, Joghurt etc.). Wird diese Mischung aus natürlich vorkommenden und nicht genveränderten Mikroorganismen mit organischem Material (z. B. Kompost, Mist, Mulch) zusammengebracht, produzieren die Mikroorganismen eine Fülle von nützlichen Substanzen wie Vitamine, organische Säuren, mineralische Chelatverbindungen und unterschiedliche Antioxidantien. Die perfekte Symbiose der Mikroorganismen erzeugt starke regenerative Kräfte, die in unterschiedlichen Milieus ihre positiven Wirkungen entwickeln.

SO ARBEITEN EFFEKTIVE MIKROORGANISMEN

Beim Einsatz in der Landwirtschaft und im Garten fördern aufbauende Mikroorganismen eine schnelle Vermehrung von nützli-

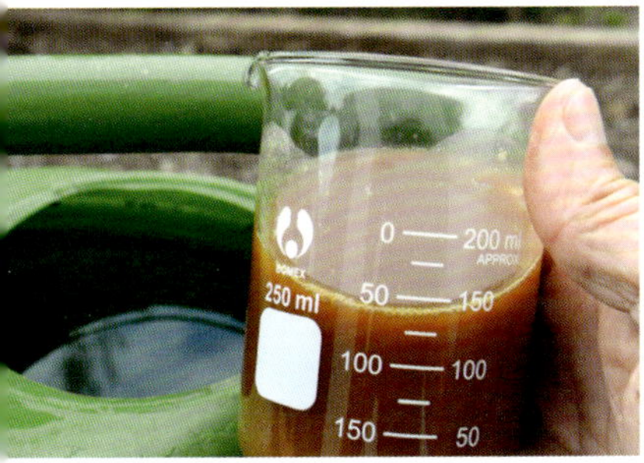

1

2

3

1. Effektive Mikroorganismen in flüssiger Form

2. „Bokashi Pellets +400"

3. „Bokashi Pellets +400" auf ein Beet gestreut, ca. 30 g/m²

chen Mikroorganismen – eine Voraussetzung für die Schaffung von gesunden Böden, vitalstoff- und mineralreichem Obst und Gemüse und somit optimalen Wachstumsbedingungen für jede Art von Pflanzen. Aufbauende Mikroorganismen schaffen ein gutes mikrobielles Gleichgewicht und tragen so dazu bei, kranke Organismen zu unterdrücken und nützliche zu unterstützen.

In toten Gartenböden werden für Mensch und Tier kaum lebenswichtige Vitalstoffe gebildet und die darauf angebauten Pflanzen besitzen diese nicht mehr. Je mehr Bodenbakterien sich im Boden befinden, desto höher ist der Vitamingehalt in unseren Pflanzen.

Ein weiteres Argument für das Ausbringen von Effektiven Mikroorganismen ist der alte Gärtnerspruch „Wer Fäulnis sät, wird Fäulnis ernten." Mit Effektiven Mikroorganismen wird immer eine Milieuveränderung hin zu einem aufbauenden, lebensfreundlichen Milieu erreicht. Mit dem Verschwinden von Fäulnisprozessen verschwinden im Übrigen auch die Schnecken! Genau das habe ich in meinem Garten so erlebt und bestätigen auch andere Anwender.

DIE RICHTIGE ANWENDUNG IM GARTEN

Das Arbeiten mit Effektiven Mikroorganismen im Garten ist nicht kompliziert und außerdem, wie ich finde, auch sehr günstig! 1 l Effektive Mikroorganismen kostet etwa 4 bis 5 Euro und reicht für ungefähr 50 m² im Jahr.

„Effektive Mikroorganismen für den Garten": 200 ml auf 10 l Wasser

SELBST GEMACHT!

Wer einen größeren Garten mit dieser Methode anbauen möchte, kann sich die Effektiven Mikroorganismen kostengünstig selbst herstellen. Die Herstellungskosten liegen dann bei ca. 80 Cent pro Liter.

Zunächst benötigt man die flüssigen Effektiven Mikroorganismen, die man im Internet oder auch in Gartencentern kaufen oder bestellen kann. Lassen Sie sich nicht von den vielen Abkürzungen und Begrifflichkeiten, die es bei der Anwendung mit Effektiven Mikroorganismen gibt, abschrecken.
Gleiche oder sehr ähnliche Produkte haben zum Teil verschiedene Namen. Wenn ein Fachbetrieb für Effektive Mikroorganismen in Ihrer Nähe ist, macht es durchaus Sinn, die benötigten Produkte direkt vor Ort zu holen. Ansonsten beraten die Firmen auch sehr ausführlich am Telefon und es ist viel einfacher, als man denkt.
Zu Beginn des Gartenjahres ist es sinnvoll, zunächst die Beete mit einem Bokashi-Dünger zu versorgen. Es genügt, dies lediglich ein- bis zweimal im Jahr zu machen. Bokashi besteht aus fermentiertem organischem Material, spezifischen Mikroorganismen, Bodenpilzen, Urgesteinsmehl, Bioholzkohle, Keramikpulver, homöopathischen Boden- und Pflanzenstärkungsmitteln und ist ein sehr hochwertiger Dünger.
Wenn man keinen Kompost zur Hand hat, ist Bokashi eine tolle Alternative. Regenwürmer und kleine Mikroben in unserem Garten lieben dieses milchsaure und fermentierte Futter.
Die Beete werden dann im laufenden Jahr etwa alle zwei bis vier Wochen mit 200 ml Effektiven Mikroorganismen auf 10 l Wasser gegossen. Wer keine Gießkannen schleppen möchte, kann das Aus-

1

2

3

bringen der Effektiven Mikroorganismen sehr komfortabel mit dem Aquamix machen. Das Gerät wird am Gartenschlauch angeschlossen und mischt automatisch die richtige Menge der Mikroorganismen dazu. Natürlich können auch die Pflanzen mit gegossen werden. Effektive Mikroorganismen sind zwar keine Schädlingsbekämpfungsmittel, sie helfen jedoch durch den Anteil an Milchsäurebakterien, die Pflanze vor Keimen zu schützen und die Selbstheilungskräfte der Pflanze zu steigern.
Gießen darf man nie bei Sonnenschein sondern nur bei bedeckten Himmel oder in den Abendstunden.
Unsere Milliarden fleißiger Helfer werden erst bei einer Temperatur von mindestens 10 °C richtig aktiv. Die Mikroorganismen, Regenwürmer, Asseln, Springschwänze, Milben und Käfer werden nun im Weiteren mit Mulchmaterial gefüttert. Durch diese Methode wird der Boden immer fruchtbarer und feinkrümeliger.
Wer mit Kompost arbeitet, sollte die Effektiven Mikoorganismen immer wieder mal auf den Kompost (alle 15 bis 20 cm) gießen, wenn neuer Bioabfall dazugekommen ist. Dadurch wird der Kompost gut mit Bakterien angereichert und es entstehen keine Fäulnisprozesse.
Sinnvoll ist es, auch die Aussaaterde und die entsprechenden Anzuchtgefäße zu Beginn der Arbeiten mit Effektiven Mikroorganismen zu gießen. Dies stärkt die heranwachsenden Pflanzen von Anfang an.

1. „Bokashi Pellets +400" werden auf dem Beet mit „Effektive Mikroorganismen Garten" gegossen.

2. Gießen eines gemulchten Beetes mit Effektiven Mikroorganismen

3. Ausbringen der Effektiven Mikroorganismen mit dem Aquamix

Schädlinge und Pflanzenschutz im Garten

Gärten können einen großen Beitrag leisten, um vielen Tieren wieder einen Lebensraum zu geben. Nebenbei helfen sie uns auch bei der Abwehr von Schadinsekten.

Mit vielen heimischen Gehölzen, Stauden und Kräutern können wir nützliche Tiere in den Garten locken, die Schadinsekten vertilgen, wie Vögel, Fledermäuse, Marienkäfer, Florfliegen & Co.

NÜTZLICHE TIERE

Vögel

Für unsere Vögel können wir Nistkästen im Garten oder am Haus aufhängen. Meisen und Sperlinge bewohnen geschlossene Kästen mit einem Durchmesser von 28 bis 32 mm. Andere Vögel wie der Hausrotschwanz bevorzugen Halbhöhlenkästen. Unsere gefiederten Freunde sind auch sehr dankbar für eine kleine Vogeltränke im Garten. Die Randbereiche des Gartens können wir mit heimischen, beerentragenden Sträuchern, wie Schwarzer Holunder, Hartriegel oder Berberitze, bepflanzen. Hier finden Grasmücken, Zaunkönig oder Amseln einen Nistplatz und viele Vogelarten Futter im Winter.

Fledermäuse

Wir können den nachtaktiven Tieren mit speziellen Kästen helfen, in denen die Muttertiere mit den Jungen eine sogenannte Wochenstube einrichten.

Nützliche Insekten

Insekten haben in den letzten Jahren leider einen sehr starken Rückgang zu verzeichnen. Schuld daran sind vor allem der Verlust von Lebensräumen, das ständige Abmähen von Ackerrainen und der massive Einsatz von Spritzmitteln in der konventionellen Landwirtschaft. In unserem Garten können wir durch die Auswahl der Pflanzen einen kleinen Beitrag dazu leisten, Insekten einen Lebensraum zu geben. Wenn Sie ein Insektenhotel aufstellen könnem, ist dies eine tolle Möglichkeit, Insekten zu helfen.

Amphibien und Reptilien

So manche Erdkröte lebt bei uns im Garten, ohne dass wir dies bemerken. Nachts geht sie

Über den Winter können wir unseren Vögeln mit einer Winterfütterung helfen. Überall findet man ab dem Spätherbst entsprechendes Futter zu kaufen.

auf Jagd nach Schnecken und Regenwürmern. Eidechsen leben in Steinhöhlen und sonnen sich gerne auf erwärmten Steinen.
Wenn Sie eine Mauer bauen müssen, versuchen Sie diese in Trockenbauweise zu machen. Diese warmen Mauern sind ein idealer Lebensraum für Eidechsen.

Igel

Für unseren Gartenigel können wir im Herbst einen Reisighaufen in einer Ecke im Garten aufsetzen oder einen Unterschlupf aus Steinen oder Holz bauen. Er ernährt sich vor allem von Käfern und Larven, aber auch von Schnecken.

SCHÄDLINGE IN UNSEREM GARTEN

So mancher Gärtner verlor die Lust an seinem Garten, weil Schnecken innerhalb von ein paar Tagen alle Beete kahl gefressen haben. Es würde den Rahmen dieses Buches sprengen, alle möglichen Gartenschädlinge vorzustellen, deshalb möchte ich mich auf die häufigsten beschränken.

Nacktschnecken

Wenn wir in unserem Garten auf eine Nacktschnecke treffen, so handelt sich fast zu 100 % um die in den 60iger-Jahren eingeschleppte Spanische Wegschnecke. Leider gibt es bei uns fast keine natürlichen Feinde, und so konnte sich die Schnecke derart stark vermehren. In meinem Garten hatte ich noch vor einigen Jahren am Abend bis zu 200 Schnecken aufgesammelt. Für einige Zeit sammelte ich sie konsequent ab und baute einen kleinen Elektrozaun, den es in Gartenfachhandel gibt, auf. Sobald Schnecken über den Zaun wollen, wird ein Stromfluss ausgelöst, den die Schnecken nicht überleben. Parallel begann ich mit dem Einsatz Effektiver Mikroorganismen und Mulch. Durch den Einsatz Effektiver Mikroorganismen wird der Boden gesünder und mit Antioxidantien angereichert. Dies mögen Schnecken überhaupt nicht, denn sie lieben Fäulnisprozesse. Heute sehe ich die Spanische Wegschnecke nur noch selten in meinen Garten! Und das inzwischen ohne Elektrozaun!

1

2

3

4

1. Blattläuse leben in kleinen Gruppen oder großen Kolonien.

2. Die befallene Pflanzen und die gefräßigen Tierchen möglichst frühmorgens oder abends mit dem verdünnten Neemöl rundherum gründlich einsprühen!

3. Weiße Fliegen befallen gern Grünkohl. Neemöl, rechtzeitig und wiederholt ausgebracht, kann hier helfen.

4. Klebetafeln tragen ebenfalls dazu bei, manche Schädlinge einigermaßen in Schach zu halten.

Blattläuse

Besonders gern besiedeln Blattläuse die jungen und zarten Triebspitzen, um den süßen Pflanzensaft aus den Zellen zu saugen. Blätter und Triebe werden mit einer klebrigen, zuckerhaltige Ausscheidung, dem sogenannten Honigtau, überzogen. Hier siedeln sich oft Pilzkrankheiten, zum Beispiel Rußtau, an. Ich habe gute Erfahrungen mit Insektenschutznetzen und Neemöl-Spritzungen gemacht.

Weiße Fliege

Ein weiterer Schädling ist die Kohlmottenschildlaus, auch Weiße Fliege genannt. Sie befällt überwiegend Kohlarten, saugt Saft aus den Blättern und sondert Honigtau ab. Der sicherste Schutz ist das Abdecken der Beete mit Insektenschutzvliesen. Wichtig ist, dass wir das Vlies gleich bei der Pflanzung anbringen. Wer das nicht möchte, kann es mit klebrigen Gelbtafeln oder Neemöl probieren. Die Schädlinge sterben nicht sofort ab, stellen aber das Saugen ein. Nach einigen Tagen ist die Pflanze dann schädlingsfrei.

Möhrenfliege

Zunächst legt diese Fliege ihre Eier an den Wurzelhals der Möhren. Nach dem Schlüpfen fressen sich die Larven durch die Möhren, wodurch eine großes Gangsystem und Eintrittspforten für Fäulniserreger entstehen. Außer Möhren befällt diese Fliege noch weitere Doldenblütler wie Pastinaken, Sellerie, Dill, Fenchel oder Petersilie. Schützen kann man seine Pflanzen durch ein feinmaschiges Netz (Maschenweite 1x1 mm), das sofort nach der Saat angebracht werden sollte. Außerdem sollten alle Möhren im Herbst restlos abgeerntet werden und keine befallenen Möhren gelagert werden. Die Fliegenmaden überwintern in den Rüben oder als Puppen im Boden. Besonders wichtig ist, dass man Möhren nur in Abständen von mindestens drei Jahren auf dem gleichen Beet anbaut.

Zwiebelfliege

Diese Fliege legt ihre Eier vor allem an jungen Zwiebel- und Porreepflanzen, aber auch an Knoblauch und Schalotten, in Bodennähe ab. Die Maden zerfressen die Zwiebel und wandern dann zur nächsten Pflanze weiter. Die wirksamste Abwehr ist ein Insektenschutznetz. Befallene Pflanzen müssen aus dem Garten entfernt werden (nicht auf den Kompost!). Bewährt hat sich bei mir das Mulchen der Beete mit Rainfarn, Salbei oder Pfefferminze und das Gießen im Herbst mit Rainfarntee, der die Puppen und Larven abtötet.

KOHLWEISSLING

Vor allem an Kohlarten legt der Weiße Kohlweißlingen seine Eier ab. Die jungen Raupen fressen kleine Löcher in die Blätter oder fressen sich in die Pflanzenherzen und schädigen diese so stark, dass die Pflanzen absterben. Der beste Schutz ist der rechtzeitige Einsatz eines engmaschigen Kulturschutznetzes.

Schlechte Nachbarn
keine

GEMÜSE IM
RAHMENGARTEN

Ernten, lagern und konservieren

Im Sommer ist es endlich soweit: Wir können unser super frisches Gemüse zum idealen Zeitpunkt ernten und genießen. Was nicht frisch verwertet wird, kann mit verschiedenen Methoden haltbar gemacht werden.

Die meisten Gemüse und Salate werden mit einem Messer knapp über dem Boden abgeschnitten. Blätter, die nicht zum Verzehr geeignet sind, schneidet man am besten gleich im Garten ab und gibt sie auf den Kompost oder verwendet sie gleich wieder als Mulch. Bei Pflücksalaten bleibt die Mitte des Salates stehen und wir ernten nur die äußeren Blätter. Ernten Sie Ihre Gemüse und Kräuter immer möglichst kurz bevor Sie sie verwenden möchten.

Wenn man sich vor Augen führt, dass Gemüse und Salate bereits ab dem Moment der Ernte Nährstoffe verlieren, wird einem schnell bewusst, wie wertvoll unser kleiner Garten ist. Erbsen haben bereits nach ein bis zwei Tagen bis zur Hälfte ihres Vitamin-C-Gehalts verloren und zwar im rohen Zustand. Erntefrisches Gemüse möglichst schnell zu verarbeiten, ist daher am besten. Dies geht natürlich nicht immer – manchmal wird einfach zu viel gleichzeitig reif. Dann heißt es richtig zu lagern, zu konservieren oder das Gemüse anderweitig zu nutzen.

Damit das Gemüse eine längere Lagerung bis in den Winter übersteht, sollte es nur im einwandfreien Zustand, voll ausgereift und möglichst trocken geerntet und nicht gewaschen werden. Eine regelmäßige Kontrolle hilft, eventuell doch faulende Stellen zu erkennen und entfernen zu können, bevor andere Früchte oder Knollen Schaden nehmen. Wichtig ist auch schon beim Anbau auf lagerfähige Sorten zu achten

EINSCHLAGEN IN SANDKISTEN

Früher nutze man Kellerräume mit Lehmböden. Diese waren kühl, aber frostfrei und hatten eine ausreichend hohe Luftfeuchtigkeit. In unseren modernen Häusern können wir solche Bedingungen mit Sandkisten nachstellen. Darin können wir Möhren, Rote Bete, Pastinaken, Petersilienwurzeln und Sellerie einschlagen. Der Sand sollte etwas feucht und die Blätter bis auf dem Herztriebe entfernt sein. Geeignet sind z. B. Obststeigen. Damit der Sand nicht durchrieselt, gibt man zunächst Papier in die Kiste und schichtet nun das ungewaschene Gemüse abwechselnd mit dem Sand ein. Gemüse-

ERDMIETE

Eine einfache Möglichkeit Möhren, Rote Bete, Pastinaken, Kohlrabi oder Knollensellerie bis in die Wintermonate hinein zu lagern, ist eine unterirdische, mäusesichere Erdmiete. Kohlrabi 'Superschmelz' ist besonders gut für den Herbstanbau geeignet und lässt sich gut einlagern.

1.
Optimal finde ich Waschmaschinentrommeln aus Edelstahl. Sie rosten nicht und haben Löcher, damit das Gemüse die Erdfeuchtigkeit annimmt. Kaufen kann man solche Trommeln im Internet für etwa 20 Euro oder man baut sich eine Trommel aus einer alten Maschine aus.

2.
Waschtrommel bis zum Rand eingraben und etwas Sand einfüllen.

3.
Gemüse schichtweise mit Sand dazwischen in die Waschtrommel einfüllen.

4.
Als Abdeckung eine Schicht Stroh (ca. 10 cm) oder ein Gartenvlies als Kälteschutz verwenden. Waschtrommel mit Styropor oder Ähnlichem verschließen. Das Rahmenbeet zudecken.

5.
Durch den Einsatz der Abdeckung ist das Gemüse vor starkem Frost sowie Schnee geschützt und kann leicht entnommen werden.

sorten mit Herzblättern wie Rote Bete oder Kohlrabi werden nur etwa zu zwei Dritteln in den Sand eingeschlagen. Es ist wichtig, dass das Gemüse frei von Schadstellen ist. Regelmäßig kontrollieren und faulende Früchte aussortieren!

EINFRIEREN

Beim Einfrieren von frischem Gemüse und Obst bleiben uns die Vitamine und Nährstoffe weitgehend erhalten und das über mehrere Monate. Grundsätzlich kann fast jedes Gemüse, außer der Salatgurke, eingefroren werden, auch roh. Es ist jedoch besser, das Gemüse vorher für zwei bis vier Minuten in kochendem Salzwasser zu blanchieren. Dadurch wird die Enzymaktivität reduziert, die sonst Veränderungen von Farbe und Geschmack sowie Vitaminverlust fördert. Anschließend kurz in Eiswasser abkühlen und trocken tupfen. Das so vorbereitete Gemüse sollte dann in Gefrierbeutel verpackt, verschlossen und mit Datum versehen werden, bevor es eingefroren wird. Innerhalb eines Jahres sollten die Vorräte dann aufgebraucht und wieder Platz für Neues sein.

EINKOCHEN

Erntefrisches Obst und Gemüse lässt sich gut einkochen. Diese Möglichkeit der Verwertung wird immer beliebter und dem Ideenreichtum bei der Zusammenstellung ist fast keine Grenze gesetzt. Einkochen können Sie Gemüse, besonders Erbsen, Möhren, Bohnen und Gurken, Obst und Pilze. Beim Einkochen gehen jedoch leider die hitzeempfindlichen Vitamine wie Vitamin C verloren.

SUPPEN & SOSSEN

Es wird immer wieder Tage geben, wo Sie das erntereife Gemüse nicht gleich verwerten können, weil es einfach zu viel ist. Besonders bei Zucchini und Tomaten ist das oft der Fall. Kochen Sie sich tolle Gemüsesuppen oder Soßen! Sie sind schnell zubereitet, gesund und man kann sie einfach einfrieren. Im Herbst und Winter freut man sich darüber, dass man schnell eine leckere Gemüsesuppe oder eine Tomatensoße zur Hand hat.

GEMÜSEBRÜHE AUS FRISCHEM GEMÜSE UND KRÄUTERN

Wer bei seiner Ernährung auf künstliche Zusätze und Aromen verzichten möchte, hat gerade bei Gemüsebrühen oft Schwierigkeiten natürliche Alternativen zu finden. Mit Gemüse aus dem eigenen Garten ist das kein Problem. Nutzen Sie frisches Gemüse und Kräuter, die gerade zur Verfügung stehen.
Geeignet sind beispielsweise Lauch, Karotten, Zwiebeln, Knoblauch, Sellerie, Pastinake und Gartenkräuter.
Das Gemüse und die Kräuter werden in einem Mixer zerkleinert. Pro 100 g Masse kommen 12 g Salz dazu. Mischen Sie das Ganze kräftig durch. Anschließend füllen Sie die Masse in dicht verschließende Twist-Off-Gläser um. Im Kühlschrank gelagert hält diese Gemüsebrühe bei mir über ein halbes Jahr.

DÖRREN

Durch das Trocknen lassen sich Obst, Gemüse, Pilze und Kräuter wunderbar haltbar machen und weiter zu Trockenobst, Gemüsechips oder Gemüsebrühe verarbeiten. Das Trocknen in der Backröhre auf dem Backblech geht bei Temperaturen um 40 bis 50 °C recht gut, aber viel komfortabler und schonender mit einem Dörrgerät. Bei etwas teureren Geräten lassen sich Temperatur und Dörrzeit exakt einstellen.
Die Dörrzeit hängt von vielen Faktoren wie Art oder Sorte, Erntezeitpunkt, Feuchtigkeitsgehalt und Dicke der Scheiben oder Stücke ab. Der Vorgang kann einige Stunden bis zu zwei Tage benötigen. Die Auswahl an Dörrautomaten ist mittlerweile sehr groß – Beratung lohnt sich. Bei größeren und teureren Geräten passen bis zu neun Einschübe hinein.

1

3

2

1. Gemüsebrühe ohne Konservierungsstoffe herzustellen ist nicht schwierig: Frisches Gemüse zerkleinern und mit Salz haltbar machen. Alternativ können Sie das Gemüse erst trocknen und dann mahlen.

2. Gemüse dörren: Sellerie, Karotten Lauch und Zwiebeln werden gleichmäßig kleingehobelt und bei ca. 42 °C vollkommen getrocknet.

3. Gemüsechips: Gemüse mit einem Hobel in gleich dünne Scheiben hobeln, nach Belieben würzen und anschließend dörren.

GEMÜSEBRÜHE AUS GETROCKNETEM GEMÜSE UND KRÄUTERN

Trocknen Sie Gemüse und Kräuter schonend, aber ohne jegliche Restfeuchtigkeit. Um ein feines Aroma zu erreichen, nutze ich gerne Rote Bete, Sellerie, Lauch und Zwiebeln. Nicht geeignet sind die sehr wasserhaltigen Tomaten und Gurken.

Hinzu kommen noch Petersilie, Liebstöckel, Estragon und Thymian. Besonders wichtig ist dabei, dass das Gemüse in gleich dicke Scheiben gehobelt wird, damit es gleichmäßig trocknet. Getrocknet werden Gemüse und Kräuter bei 42 °C im Dörrgerät. Der Trockenvorgang dauert ca. 24 Stunden. Nach dem Trocknen wird alles mit einer Küchenmaschine fein gemahlen und in Gläser abgefüllt. Immer wieder mal kontrollieren damit keine Schimmelbildung durch Restfeuchte auftritt, was ich allerdings noch nicht erlebt habe. Dunkel gelagert hält diese Gemüse-Kräutermischung bis zu einem Jahr.

GEMÜSECHIPS – DIE GESUNDE ALTERNATIVE

Die Vorarbeiten sind die gleichen wie bei der Gemüsebrühe. Damit die Chips gut schmecken, sollten sie vor dem Trocknen in eine Marinade getaucht werden. Meine Lieblingsmischung besteht aus 80 ml Olivenöl, 2 EL Hanfsamen, 2 EL Sojasauce, etwas Salz und Pfeffer, einer fein gehackten Knoblauchzehe und dem Saft einer Zitrone. Vermischen Sie das Ganze gut und „baden“ Sie die zerkleinerten Blätter von beispielsweise Wirsing und die Scheiben von Möhren, Roter Bete, Kürbis oder Süßkartoffeln darin. Getrocknet wird über mehrere Etagen im Dörrgerät bei 42 °C für 12 bis 24 Stunden, alternativ im Backofen bei gleicher Temperatur.

VOM BEET IN DEN MIXER

In diesem Rahmenbeet wachsen verschiedene Salate, Mangold, Kohlblätter und Sellerie. Die frischen grünen Blätter sind perfekte Zutaten für einen leckeren und gesunden Smoothie.

Grüne Smoothies

Kein anderes Getränk hat innerhalb weniger Jahre einen derartigen Bekanntheitsgrad im Ernährungsbereich erfahren wie Smoothies aus Gemüse, Obst und Kräutern.

Erfunden hat dieses wunderbare Getränk 2004 Victoria Boutenko, eine russischstämmige Ernährungsexpertin. Grüne, chlorophyllhaltige Blätter zu mixen und zu trinken, ist sicherlich nicht jedermanns Sache. Mit Obst gemischt, wird es aber wirklich lecker.

Dass Chlorophyll für uns Menschen sehr wichtig ist, ahnte bereits Hildegard von Bingen, als sie vor über 1000 Jahren von der Grünkraft der Pflanzen sprach. Grünkraft ist Lebenskraft. Chlorophyll ist für die Vitalisierung des gesamten Organismus unentbehrlich. Es steht in seiner ursprünglichen, natürlichen Erscheinungsform im Blattgrün von Wildpflanzen, Salaten, Gemüse und Kräutern zur Verfügung. Ein Smoothie besteht zu gleichen Teilen aus Früchten, grünen Blättern und Wasser (gemischt mit Apfelsaft – für Kinder!). Für die Zubereitung benötigt man einen kräftigen, möglichst schnell drehenden Mixer (ca. 30 000 Umdrehungen).

Smoothies trinkt man auf Dauer nur, wenn die Mischung richtig lecker schmeckt. Der Fantasie sind hier fast keine Grenzen gesetzt. Im Garten können wir jederzeit frische, grüne Blätter ernten. In den Wintermonaten geht natürlich die Auswahl geeigneter Pflanzen sehr stark zurück. Hier können wir aus dem Garten vielleicht noch auf Grünkohl, Sellerie, Endivie oder Feldsalat zurückgreifen.

Ganz wichtig: Wenn Sie in der Natur sammeln, sollten Sie nur Blätter von Pflanzen verwenden die sie wirklich kennen!

Am besten holt man sich die grünen Blätter schon abends in den Kühlschrank, damit es dann am nächsten Morgen zügig geht. Den gemixten Smoothie kann man in einem geeigneten Becher mit zur Arbeit nehmen. Die wunderschöne grüne Farbe wird sich während des Tages verändern, was den Geschmack aber nicht beeinflusst.

Reife Früchte sorgen für einen angenehmen süßen Geschmack der Smoothies.

VORTEILE GRÜNER SMOOTHIES

- Sie sind reich an Vital- und Nährstoffen, sekundären Pflanzenstoffen und natürlich Chlorophyll.
- In den Blättern der Pflanzen sind oft mehr Vitamine und Mineralien enthalten als in den Früchten.
- Grüne Smoothies sind eine sehr gesunde, basische Mahlzeit.
- Bei guter Planung sind grüne Smoothies schnell und einfach hergestellt.
- Ideal für unterwegs oder zum Mitnehmen für die Arbeit.
- Für die meisten Menschen sind sie sehr bekömmlich.
- Smoothies geben uns Pflanzen- und somit Lebensenergie.

Kindersmoothies

Wer seinen Kindern einen Smoothie anbieten möchte, sollte darauf achten, dass der „Erste" ein Volltreffer wird. Wenn er nicht schmeckt, wird es schwierig, Kinder für weitere Versuche zu begeistern. Weniger Wasser und dafür mehr Apfelsaft sind eine gute Möglichkeit, den Smoothie süßer zu machen. Und am besten gehen die Kinder mit in den Garten und ernten die Blätter selbst.

OBST UND KÖRNER

Beim Obst steht uns die gesamte Palette der heimischen Obst- und Beerenarten zur Verfügung. Notfalls kann man auch exotische oder tiefgefrorene Früchte dazugeben. Für einen guten Mixer ist das kein Problem.

Obst sollte reif sein, damit es die notwendige Süße in den Smoothie bringen kann. Die Süße kann auch mit Datteln, Feigen oder Dörrobst noch beeinflusst werden.

Hochwertige Brennnessel-, Chia-, Hanf- oder Leinsamen werten den Smoothie auf und machen ihn ballaststoffreicher.

EMPFEHLENSWERTE BLÄTTER FÜR SMOOTHIES

Gemüsegruppen & Kräuter	Arten
Blattsalate	Kopfsalat, Pflücksalat, Feldsalat, Endivie, Römersalat, Eichblattsalat, Rucola, Radicchio, Chicorée, Postelein
Blattgemüse	Mangold, Spinat, Stangensellerie
Kohl	Grünkohl, Wirsing, Kohlrabi, Brokkoli
Wurzel- und Knollengemüse	Rote Bete, Möhre, Radieschen
Fruchtgemüse	Zucchini, Gurken
Gartenkräuter	Petersilie, Schnittlauch, Koriander, Zitronenmelisse, Zitronenverbene, Minzen
Wildkräuter	Brennnessel, Giersch, Vogelmiere, Löwenzahn

Salate

AUSSAAT
Die Voranzucht erfolgt auf der Fensterbank oder im Gewächshaus - je nach Sorte bereits ab Februar.

PFLANZZEIT
März bis September.

ANBAU
Der Mittelzehrer stellt keine hohen Ansprüche. Ideal ist ein tiefgründiger, gelockerter, humusreicher und stickstoffarmer Boden. Bei geschickter Planung mit versetzten Aussaatzeiten und richtiger Sortenwahl lässt sich Salat fast das ganze Jahr über bei einer Kulturdauer von ca. zwölf Wochen anbauen und ernten. Nach den frühen Pflück- und Kopfsalaten bieten sich schossfeste Sommersalate für den weiteren Anbau an. Im Herbst- und Winter lassen sich noch Endivie, Winterkopfsalat und Feldsalat ernten.

PFLANZENSCHUTZ
Schnecken haben es besonders auf Salate abgesehen. Entsprechender Schutz und Einsatz von Effektiven Mikroorganismen hilft.

ERNTE
Mai bis Februar. Salate verlieren schon kurz nach der Ernte einen erheblichen Teil ihrer Vitamine. Wenn möglich immer frisch ernten und verwerten. Je nach Salatart den ganzen Kopf, die Blätter abschneiden oder bei den Pflücksalaten nur die äußeren Blätter abernten.

GUTE NACHBARN
Ideal als Nebenkultur und Lückenfüller in den Beeten. Verträgt sich mit den meisten Gemüsearten.

SCHLECHTE NACHBARN
Sellerie, Petersilie, Kresse.

SORTEN

1. KOPFSALAT
— *Lactuca sativa*
Bekanntester Salat. Bildet feste Köpfe. Ernte von Mai bis Oktober. Zu empfehlen ist ein Anbau im Frühjahr und Herbst, im Sommer neigt der Kopfsalat dazu zu schießen. 'Maikönig', 'Luna', 'Larissa'.

2. PFLÜCKSALAT
— *Lactuca sativa*
Bei diesen Sorten kann den ganzen Sommer über von den gleichen Pflanzen geerntet werden. Die roten Sorten werden von den Schnecken etwas weniger gefressen. 'Salad Bowl', 'Red Salad Bowl'.

3. SCHNITTSALAT
— *Lactuca sativa*
Etwa sechs Wochen nach der Aussaat können schon die ersten Blätter und dann weitere drei- bis viermal geerntet werden. 'Witte Dunsel', 'Gelber Krauser'.

4. ENDIVIE
— *Cichorium endivia*
Ernte von Mai bis November. Hoher Mineralstoff- und Vitamingehalt. 'Wallonne', 'Grüner Escariol', 'Bubikopf', 'Große Pancalière'.

5. FELDSALAT
— *Valerianella locusta*
Späte Feldsalat-Aussaaten im Herbst können auch überwintern und im Spätwinter geerntet werden. 'Dunkelgrüner Vollherziger', 'Holländischer Breitblättriger', 'Verte de Cambrai'.

6. ASIA-SALATE
— *Brassica*-Arten
Diese Salate liegen im Trend der jungen, leichten, kalorienarmen und schmackhaften Küche. Sie sind kältetolerant (bis -5 °C), sodass bis in den Winter hinein geerntet werden kann. In Saatmischungen sind vor allem 'Misome', 'Mizuna', 'Komatsuna Green Boy' und 'Mustard Red Giant' enthalten. Sie unterscheiden sich durch sehr unterschiedliche Blattformen und Blattfarben. Genutzt, werden die jungen Blätter, die aufgrund der enthaltenen Senföle sehr würzig schmecken, roh als Salat oder gekocht. Anbauzeit drei bis sieben Wochen.

SORTEN

1

2

3

4

5

6

BLATTGEMÜSE

SPINAT

— *Spinacia oleracea*

AUSSAAT Frühjahrssorten ab Februar/März, Herbstspinat Anfang August, Winterspinat bis Mitte September. Saattiefe 2 bis 3 cm.

PFLANZZEIT März bis September.

ANBAU Tiefgründiger, gut gelockerter, humusreicher Boden. Im Frühjahr auf Beete säen, die schon im Herbst mit Kompost versorgt wurden. Spinat reagiert empfindlich auf Bodenverdichtung. Mittelzehrer.

PFLANZENSCHUTZ Bei Mehltaubefall, vor allem bei feuchtem Wetter, befallene Blätter auszupfen!

ERNTE Von Mai bis Februar. Wenn sich mindestens sechs Blätter zeigen, kann mit der Ernte begonnen werden. Man schneidet den Spinat so ab, dass das Herz stehen bleibt.

GUTE NACHBARN Bohnen, Erbsen, Erdbeeren, Kohl, Radieschen, Rettich, Salat, Tomaten, Pastinake.

MANGOLD

— *Beta vulgaris* var. *cicla*

AUSSAAT Mai bis August, 2 cm tief in Reihen.

PFLANZZEIT Juni bis August.

ANBAU Tiefgründiger, gut gelockerter, humusreicher Boden. Mangold liebt feuchte Erde – an heißen Tagen ausreichend gießen! Mittelzehrer.

PFLANZENSCHUTZ Regelmäßig hacken und mulchen. Probleme können Blattläuse an den Jungpflanzen verursachen: Pflanzen mit Neemol besprühen.

ERNTE Mai bis November. Sind die Stiele voll ausgebildet, werden sie nach und nach von außen nach innen geerntet. Kleine Blätter schmecken süßlicher, große Blätter herber.

GUTE NACHBARN Buschbohnen, Kohl, Möhren, Radieschen, Rettich, Salat, Zwiebeln.

SORTEN Stielmangold: 'Walliser'; Blattmangold: 'Lucullus', 'Bright Lights'.

STANGENSELLERIE, STAUDENSELLERIE

— *Apium graveolens* var. *dulce*

AUSSAAT Vorkultivieren ab März auf der Fensterbank.

PFLANZZEIT Mitte/Ende Mai, nach den Eisheiligen.

ANBAU Sellerie liebt nährstoff- und humusreiche Erde sowie eine kontinuierliche Feuchtigkeit. Regelmäßig mulchen. Vor der Pflanzung empfiehlt sich eine Kompostgabe. Sellerie im Laufe der Kulturzeit anhäufeln. Starkzehrer. Mindestens dreijährigen Fruchtwechsel einhalten. Junge Pflanzen sind recht empfindlich gegenüber Kälte.

PFLANZENSCHUTZ Man setzt die Jungpflanzen möglichst nicht tiefer, als sie zuvor im Topf gestanden haben. Die bedeutendste Krankheit ist die Septoria-Blattfleckenkrankheit, die sich durch hellbraune bis graubraune Flecken zeigt. Zur Vorbeugung nicht mit kalten Wasser gießen, bei feuchter Witterung Pflanzen mit Schachtelhalmbrühe spritzen, Pflanzabstand von mindestens 30 cm einhalten.

ERNTE Ab September. Stangensellerie ist im Gegensatz zu Knollensellerie frostempfindlich und sollte daher vor dem ersten Nachtfrost geerntet werden: Ganze Pflanze samt Wurzel aus der Erde ziehen. Gut für Winter-Smoothies geeignet. Sellerie wird eine aphrodisierende Wirkung nachgesagt, zudem gelten die Inhaltsstoffe der Pflanze als harntreibend, blutdrucksenkend und entzündungshemmend. Zur Lagerung die Stängel in einer Kiste mit feuchtem Sand einschlagen, dafür Stängel etwa 10 cm über den ersten Blattverzweigungen abschneiden und diese bis zum Herz in Zeitungspapier einwickeln.

SORTEN 'Tall Utah', 'Tango', 'Giant Pascal', 'Roter Stiel', 'Solid White'.

GUTE NACHBARN Bohnen, Kohlarten, Lauch, Pastinaken, Spinat, Tomaten, Zwiebeln.

KOHLGEMÜSE

WEISSKOHL & ROTKOHL

— *Brassica oleracea* convar. *capitata* var. *alba* und *rubra*

AUSSAAT Anfang Februar bis April in Ansaatschalen.

PFLANZZEIT März bis Mai, sobald die Jungpflanzen drei bis vier Blätter haben. Pflanzabstand 50 bis 60 cm, die Erde sollte bis zu den Keimblättern reichen.

ANBAU Tiefgründiger, nährstoffreicher Boden mit hohem Humusanteil in sonniger bis halbschattiger Lage. Der Boden sollte ein gutes Wasserhaltevermögen besitzen. Beete regelmäßig hacken bzw. mit der Pendelhacke den Boden belüften, mulchen, regelmäßig gießen, vor allem während der Kopfbildung. Die Pflanzen anhäufeln, um die Standfestigkeit zu erhöhen. Starkzehrer. Mindestens dreijährige Fruchtfolge einhalten, auch zu anderen Kohlarten.

PFLANZENSCHUTZ Auskalken des Pflanzloches zur Vorbeugung der Kohlhernie. Pflanzen mit Vlies zum Schutz vor Kohlweißlingen und Kohlfliege abdecken oder Pflanzen mit einem Kohlkragen schützen. Lehmbreibad der Wurzeln vor dem Pflanzen in Ackerschachtelhalmbrühe. Etwa alle zwei bis drei Wochen Weißkohl im Wurzelbereich mit Brennnessel- oder Beinwell-Pflanzenjauche im Verhältnis 1 : 20 oder Kräuter-Smoothie im Verhältnis 1 : 10 gießen.

ERNTE Ende Mai bis November. Wenn sich feste Köpfe gebildet haben, den kompletten Wurzelstrunk samt Erde entfernen.

GUTE NACHBARN Buschbohnen, Endivie, Erbsen, Mangold, Möhren, Salat, Sellerie, Spinat, Tomaten.

WEISSKOHL-SORTEN Frühsorten: 'Spitzkohl Filderkraut', 'Allfrüh', 'Marner Frühkohl';Herbstsorten: 'Braunschweiger', 'Marner September', 'Butterkohl Goldberg'; Lagersorten: 'Marner Lagerweiß'.

ROTKOHL-SORTEN 'Amarant' (frühe Sorte), 'Granat' (gut lagerfähig).

GRÜNKOHL

— *Brassica oleracea* var. *sabellica*

AUSSAAT Mai/Juni.

PFLANZZEIT Juni/Juli.

ANBAU Tiefgründiger, nährstoffreicher Boden mit hohem Humusanteil. Vor der Pflanzung des Starkzehrers Beet mit reifem Kompost versorgen. Pflanzen anhäufeln, um Standfestigkeit zu erhöhen. Mindestens dreijährige Fruchtfolge einhalten, auch zu anderen Kohlarten.

PFLANZENSCHUTZ Pflanzen mit Vlies abdecken oder mit Kohlkragen schützen.

ERNTE Ab Ende September. Damit Grünkohl richtig wohlschmeckend wird, benötigt er einige Nächte Frost. Frostfeste Sorten können Sie bis Februar/März abernten. Nach der Ernte Wurzelstrunk samt Erde entfernen.

GUTE NACHBARN Buschbohnen, Endivie, Erbsen, Mangold, Möhren, Salat, Sellerie, Spinat, Tomaten.

entnält sehr viel Vitamin C

WIRSING

— *Brassica oleracea* convar. *capitata* var. *sabauda*

AUSSAAT Februar bis Mai, je nach Sorte.

PFLANZZEIT Ende März bis Ende Juli.

ANBAU Lockerer, nährstoffreicher Boden mit hohem Humusanteil und gutem Wasserhaltevermögen. Vor der Pflanzung Beet mit reifem Kompost versorgen (Starkzehrer!). Pflanzen anhäufeln. Mindestens dreijährige Fruchtfolge einhalten, auch zu anderen Kohlarten.

PFLANZENSCHUTZ Pflanzen mit Vlies abdecken oder mit Kohlkragen schützen.

ERNTE Juni bis Februar. Wurzeln samt Erde entfernen.

GUTE NACHBARN Buschbohnen, Endivie, Erbsen, Mangold, Möhren, Salat, Sellerie, Spinat, Tomaten.

SORTEN Frühe Sorten: 'Vorbote', 'Hammer', 'Eisenkopf'; Herbst-/Wintersorten: 'Marner September', 'Winterfürst'.

bis –12 °C

KOHLGEMÜSE

KOHLRABI

— *Brassica oleracea* var. *gongylodes*

AUSSAAT Februar bis August.

PFLANZZEIT März bis Juli, bei etwa 10 cm Größe. Pflanz-/Reihenabstand 30/30 cm ('Superschmelz': 50/60 cm).

ANBAU Lockerer, nährstoffreicher Boden mit hohem Humusanteil. Vor der Pflanzung Beet mit reifem Kompost versorgen. Anhäufeln, um Standfestigkeit zu erhöhen. Wegen der schnellen Kulturzeit von acht bis zwölf Wochen können Sie etwa 14 Tage zeitversetzt auspflanzen, um immer wieder frisch ernten zu können

PFLANZENSCHUTZ Pflanzen mit Vlies zum Schutz vor Kohlschädlingen abdecken.

ERNTE Mai bis November. Kohlrabiknollen nicht zu spät ernten, damit diese nicht holzig werden.

GUTE NACHBARN Bohnen, Erdbeeren, Erbsen, Lauch, Rote Bete, Salat, Spinat, Tomaten.

ROSENKOHL

— *Brassica oleracea* var. *gemmifera*

AUSSAAT Ab Anfang April.

PFLANZZEIT Ab Mitte April bis Ende Juni.

ANBAU Tiefgründiger, nährstoffreicher Boden mit hohem Humusanteil. Pflanzen anhäufeln, um Standfestigkeit zu erhöhen. Beete regelmäßig hacken. Mindestens dreijährigen Fruchtwechsel einhalten, auch zu anderen Kohlarten.

PFLANZENSCHUTZ Pflanzen mit Vlies zum Schutz vor Kohlschädlingen abdecken oder Pflanzen mit einem Kohlkragen schützen.

ERNTE Je nach Sorte beginnt die Ernte Ende September/Oktober und dauert bis Februar/März. Vitaminreiches Wintergemüse, das erst richtig wohlschmeckend wird, wenn es einen leichten Frost bekommen hat.

GUTE NACHBARN Buschbohnen, Endivie, Erbsen, Mangold, Möhren, Salat, Sellerie, Spinat, Tomaten.

BLUMENKOHL

— *Brassica oleracea* var. *botrytis*

AUSSAAT Frühkohl ab Mitte Februar, Herbstkohl im Juni.

PFLANZZEIT Ende März bis Ende Juli.

ANBAU Tiefgründiger, nährstoffreicher Boden mit hohem Humusanteil in warmer, vollsonniger Lage. Pflanzen anhäufeln, um die Standfestigkeit zu erhöhen. Mindestens dreijährigen Fruchtwechsel einhalten.

PFLANZENSCHUTZ Pflanzen mit Vlies abdecken oder Pflanzen mit einem Kohlkragen schützen.

ERNTE Juni bis Ende Oktober. Wurzelstrunk samt Erde komplett entfernen. Rechtzeitig abernten, damit sie nicht schießen.

GUTE NACHBARN Buschbohnen, Endivien, Erbsen, Mangold, Möhren, Salat, Sellerie, Spinat, Tomaten.

SORTEN Frühe Sorten: 'Erfurter Zwerg', 'Delfter Markt', 'Alpha'; Herbstsorten: 'Neckarperle', 'Idol','Lecerf'.

viel Vitamin B1, B6 und C

BROKKOLI

— *Brassica oleracea* var. *italica*

AUSSAAT Ab Mitte März auf der Fensterbank.

PFLANZZEIT Ende April bis Ende Juli.

ANBAU Tiefgründiger, nährstoffreicher Boden in warmer, vollsonniger Lage. Beete regelmäßig hacken. Mindestens dreijährigen Fruchtwechsel einhalten, auch zu anderen Kohlarten

PFLANZENSCHUTZ Pflanzen mit Vlies zum Schutz vor Kohlschädlingen abdecken oder mit einem Kohlkragen schützen. Pflanzen anhäufeln, um die Standfestigkeit zu erhöhen.

ERNTE Juli bis Ende Oktober. Ernte der Knospen kurz vor der Blüte. Keine lange Lagerfähigkeit. Wurzelstrunk samt Erde komplett entfernen.

GUTE NACHBARN Buschbohnen, Endivie, Erbsen, Mangold, Möhren, Salat, Sellerie, Spinat, Tomaten.

WURZELGEMÜSE

KARTOFFEL

— *Solanum tuberosum*

PFLANZZEIT Vorkeimen Ende März bis Ende April in flachen Kisten für frühe Ernte. Pflanzung vier Wochen später Ende April bis Ende Mai.

ANBAU Tiefgründiger Boden. Die Starkzehrer mögen Beete, die gut mit Kompost versorgt wurden. Kartoffeln bei Trockenheit gut wässern, da die Knollen sonst klein bleiben. Ab einer Größe von ca. 20 cm werden die Pflanzen für mehr Ertrag angehäufelt. Ein zweites Mal nach etwa vier Wochen. Kartoffeln bereiten und verbessern den Boden für nachfolgendes Gemüse. Daher sind sie die optimale erste Pflanzung bei einem neu angelegten Garten.

PFLANZENSCHUTZ Hauptproblem ist die Kraut- und Knollenfäule. Pflanzen zur Vorbeugung und Stärkung mit Brennnesseljauche und Ackerschachtelhalmbrühe gießen. Bei Kartoffelkäferbefall frühzeitiges und regelmäßiges Absammeln der Käfer.

ERNTE Die Ernte beginnt etwa zwei Wochen, nachdem das Kraut zu welken anfängt: Mitte Juni (Frühkartoffeln) bis Oktober. Nur bei trockenem Wetter mit einer Grabegabel vorsichtig ernten, damit die Knollen nicht beschädigt werden.

GUTE NACHBARN Borretsch, Frühkohl, Spinat.

SORTEN: Riesenauswahl von altbewährten, historischen Sorten bis zu Neuzüchtungen. Frühe Sorten: 'Erstling', 'Hella', 'Agila', 'Ampera'; mittelfrühe Sorten: 'Sieglinde', 'Grata', 'Blauer Schwede'; späte Sorten: 'Ackersegen', 'Atlas'.

KARTOFFELN IM SACK

Kartoffeln lassen sich selbst in kleinen Gärten oder auf Balkon und Terrasse ernten. Sie wachsen auch in großen Kübeln oder Pflanzsäcken.

1.
In einen speziellen Kartoffelpflanzsack mit 40 bis 50 l Volumen ca. 10 cm Gartenboden einfüllen und drei bis vier Kartoffelknollen hineinlegen.

2.
Die Knollen mit etwa 5 cm Erde bedecken.

3.
Die Kartoffeln keimen und wachsen bereits nach kurzer Zeit.

4.
Sobald die Kartoffeltriebe ca. 15 cm hoch sind, etwa 10 cm Erde nachfüllen. Diesen Vorgang wiederholen, bis die Pflanzen oben angekommen sind.

5.
Das Kartoffelkraut wächst weiter und ragt jetzt weit aus dem Kartoffelsack. Sobald es gelb wird und verwelkt ist, können die Kartoffeln geerntet werden.

WURZELGEMÜSE

ROTE BETE

— *Beta vulgaris* var. *vulgaris*

AUSSAAT April bis Juni. Bevorzugt direkt ins Beet säen, dann sind die Pflanzen stabiler. Nach der Keimung ausdünnen und nur die kräftigsten Pflanzen weiterwachsen lassen.

PFLANZZEIT Mai bis August.

ANBAU Tiefgründige, humose Lehmböden sind ideal. Vor der Pflanzung das Beet mit reifem Kompost und Gesteinsmehl versorgen. Das Kaliumbedürfnis der Pflanzen ist sehr hoch (Mittelzehrer). Zur guten Nährstoffversorgung kann man ab der Knollenbildung alle zwei bis drei Wochen verdünnte Beinwell- oder Brennnesseljauche ins Gießwasser geben. Keine triebigen, raschwirkenden Dünger oder Stallmist verwenden! Hierdurch würde der Nitratgehalt in den Blättern und Knollen steigen. Beete mulchen und Pflanzen bei Trockenheit gießen.

PFLANZENSCHUTZ Rote Bete ist für Schädlinge und Krankheiten wenig anfällig.

ERNTE August bis Oktober. Knollen vorsichtig aus dem Boden ziehen, damit sie nicht verletzt werden und „bluten". Etwas 5 cm des Krauts stehen lassen. Gut ausgereifte Rote Bete haben eine sehr gute Lagerfähigkeit, sie können kühl und frostfrei in Sand oder im Erdlager, zum Beispiel im Rahmenbeet, eingeschlagen werden. Sie halten so fünf bis sechs Monate. Verwendung roh, als Saft, Gemüse oder auch zum Einwecken.

GUTE NACHBARN Bohnen, Bohnenkraut, Dill, Kohlrabi, Möhren, Pastinaken, Salat, Zwiebeln.

SORTEN 'Albina Vereduna', 'Ägyptische Plattrunde', 'Crapaudine', 'Erfurter Lange', 'Formanova', 'Forono', 'Rote Dunkellaubige', 'Rote Kugel', 'Tondo di Chioggia' (Ringelbeete).

entnält Vitamin C

RADIESCHEN

— *Raphanus sativus* var. *sativus*

AUSSAAT Februar bis Ende August. 1 cm tief säen. Saatreihen mit gesiebtem Kompost abdecken. Später auf ca. 5 cm Abstand vereinzeln.

ANBAU Humusreicher, gelockerter Boden. Schwachzehrer. Bei Trockenheit werden Radieschen hart und schärfer, deshalb regelmäßig gießen und Boden lockern.

PFLANZENSCHUTZ Gartenvliese oder engmaschige Kulturschutznetze halten Erdflöhe fern.

ERNTE April bis September. Da Radieschen bei trübem Wetter und in lichtarmen Monaten viel Nitrat speichern, ist es ratsam, sie erst zu ernten, wenn einige Stunden vorher die Sonne schien. Im Kühlschrank bleiben sie bis zu 48 Stunden frisch. Am besten das Laub entfernen. Frische Blätter können Sie für Smoothies verwenden.

GUTE NACHBARN Bohnen, Erbsen, Erdbeeren, Möhren, Salat, Tomaten.

RETTICH

— *Raphanus sativus* var. *niger*

AUSSAAT März bis Ende September. Maximal 2 cm tief säen. Saatreihen mit gesiebtem Kompost abdecken. Später auf 5 bis 7 cm vereinzeln.

ANBAU Humusreicher und gelockerter Boden. Schwachzehrer.

PFLANZENSCHUTZ Gartenvliese oder engmaschige Kulturschutznetze halten Erdflöhe, Kohlfliegen und Kohlweißlinge fern.

ERNTE April bis November. Früh- und Sommerrettiche am besten immer frisch verwerten. Winterrettiche können wie Möhren in Sand eingeschlagen oder in Erdmieten gelagert werden.

GUTE NACHBARN Bohnen, Erbsen, Feldsalat, Grünkohl, Kapuzinerkresse, Kerbel, Mangold, Petersilie, Pflücksalat, Spinat, Salate.

WURZELGEMÜSE

MÖHRE, KAROTTE

— *Daucus carota*

AUSSAAT Februar bis Juni. Saattiefe 1,5 cm, nach dem Auflaufen ausdünnen.

ANBAU Tiefgründiger, lehmiger Boden. Radieschen als Markiersaat mit aussäen, da Möhren sehr langsam keimen. Ideal sind bei der Möhrensaat Saatbänder. Boden gleichmäßig feucht halten. Dreijährigen Fruchtwechsel einhalten.

PFLANZENSCHUTZ Mit einem Vlies gegen die Möhrenfliege schützen. Keinen halbverrotteten Kompost geben!

PFLEGE Karotten reagieren empfindlich auf Bodenverdichtung, Boden immer wieder lockern.

ERNTE Von Juni bis November (je nach Sorte) vorsichtig mit der Grabegabel ernten.

GUTE NACHBARN Endivie, Erbsen, Dill, Knoblauch, Kohlgewächse, Lauch, Radieschen, Rettich, Rote Bete, Salat, Tomaten, Zwiebeln.

PASTINAKE

— *Pastinaca sativa*

AUSSAAT März bis April. Saattiefe 2 bis 3 cm. Pflanzgut verliert schnell seine Keimfähigkeit. Keimprobe!

ANBAU Tiefgründiger, lockerer Boden. Pastinaken keimen sehr langsam, eine Markiersaat z. B. mit Radieschen ist daher sinnvoll. Sämlinge auf 10 bis 15 cm Abstand ausdünnen.

PFLANZENSCHUTZ Vlies gegen die Möhrenfliege.

PFLEGE Junge Pflanzen gut gießen, da sie schnell welken.

ERNTE Ab Oktober. Pastinaken sind frosthart und können abgedeckt auch noch im Winter geerntet werden – am besten mit einer Grabegabel, damit die Pastinaken nicht brechen. Bevor den Boden jedoch tief friert, sollten die Pastinaken geerntet und wie Möhren gelagert werden. Die Kälte macht sie zunehmend süßer und milder.

GUTE NACHBARN Kartoffeln, Radieschen, Rote Bete, Salat, Sellerie, Spinat.

KNOLLENSELLERIE

— *Apium graveolens*

AUSSAAT Vorkultivieren ab März auf der Fensterbank bei mindestens 16 °C.

PFLANZZEIT Ende Mai, nach den Eisheiligen. Pflanzabstand 40 cm. Darauf achten, dass sich das Herz oberhalb des Bodens befindet, damit sich schöne große Knollen entwickeln können.

ANBAU Sellerie liebt nährstoff- und humusreiche Erde sowie eine kontinuierliche Feuchtigkeit. Vor der Pflanzung empfiehlt sich eine Kompostgabe (Starkzehrer!). Sellerie flach pflanzen, da sich sonst keine schönen Knollen bilden. Auf keinen Fall anhäufeln! Wenn die Knolle die Größe einer Walnuss erreicht hat, wird die Erde im oberen Drittel der Knolle abgetragen, sodass die Knolle freiliegt. Das regt das Wachstum der Knolle an. Im Sommer regelmäßig gießen und den Boden lockern. Mindestens dreijährigen Fruchtwechsel einhalten!

PFLANZENSCHUTZ Die häufigste Krankheit ist die Septoria-Blattfleckenkrankheit, die sich durch hellbraune bis graubraune Flecken zeigt. Zur Vorbeugung nicht mit kalten Wasser gießen, bei feuchter Witterung Pflanzen mit Schachtelhalmbrühe spritzen, Pflanzabstand einhalten.

ERNTE Juli bis November. Sobald die äußeren Blätter vergilben, ist der Knollensellerie erntereif. Knollensellerie kann in Sand eingeschlagen oder in der Erdmiete gelagert werden. Im Kühlschrank im feuchten Tuch eingeschlagen bis zu zwei Wochen haltbar.

GUTE NACHBARN Bohnen, Kohlarten, Lauch, Pastinaken, Spinat, Tomaten, Zwiebeln.

SORTEN 'Alba', 'Ibis', 'Magdeburger Markt', 'Mars', 'Monarch'.

enthält viel Vitamin C und B
– sehr gesundes Gemüse

FRUCHTGEMÜSE

KÜRBIS

— *Cucurbita* spec.

AUSSAAT Ab April in Töpfen auf der Fensterbank vorziehen, Direktsaat ab Mai.

PFLANZZEIT Ab Mitte Mai auspflanzen, vorher abhärten! Frostschutz bei Spätfrostgefahr und Nachtfrösten ausbringen.

ANBAU Tiefgründiger, gut gelockerter, humusreicher Boden mit guter Wasserhaltefähigkeit. Immer zwei Pflanzen setzen (Fremdbefruchtung). Starkzehrer: Während der Wachstumsphase zweimal mit Brennnessel- oder Beinwelljauche oder Smoothie im Wurzelbereich düngen. Mulchen. Hoher Wasserbedarf. Kürbisse brauchen enorm viel Platz: Lenken Sie daher die Triebe aus dem Beet auf benachbarte Flächen oder Wege. Mindestens dreijährigen Fruchtwechsel einhalten!

PFLANZENSCHUTZ Wird oft vom Echten Mehltau befallen. Befallene Blätter gleich entsorgen und als Vorbeugung mit Schachtelhalmtee oder -jauche spritzen. Jungpflanzen vor Schnecken schützen.

ERNTE September bis November. Reife Kürbisse klingen hohl und die Schale kann nicht mehr mit dem Finger eingeritzt werden. Sie müssen vor dem ersten Frost geerntet werden. Lager-Sorten sind in einem kühlen Keller mehrere Monate haltbar.

GUTE NACHBARN Braucht viel Platz, daher alleine pflanzen.

SORTEN Etwa 800 bekannte Sorten. Als Speisekürbis sind 'Hokkaido' und 'Butternut' am bekanntesten. Sehr gute Lagerfähigkeit haben 'Gelber Zentner', 'Golden Hubbard', 'Hokkaido Red Kuri', 'Roter Zentner', 'Solor'. Zum Klettern geeignet ist 'Hokkaido Uchiki Kuri'. Zierkürbisse sind nur zu Dekozwecken geeignet und als Nahrungsmittel ungenießbar!

ZUCCHINI

— *Cucurbita pepo* var. *melopepo*

AUSSAAT Ab April in Töpfen vorziehen, Direktsaat ab Mai möglich.

PFLANZZEIT Ab Mitte Mai auspflanzen. Vor Nachtfrösten schützen.

ANBAU Tiefgründiger, gut gelockerter, humusreicher Boden. Immer zwei Pflanzen nebeneinander setzen (Fremdbefruchtung). Während der Wachstumsphase zweimal mit Brennnessel- bzw. Beinwelljauche oder Smoothie im Wurzelbereich düngen (Starkzehrer!). Mulchschicht aufbringen. Hoher Wasserbedarf.

PFLANZENSCHUTZ Pflanzen werden oft vom Echten Mehltau befallen. Befallene Blätter sofort entsorgen und Pflanzen zur Vorbeugung mit Schachtelhalmtee oder -jauche spritzen.

ERNTE Juli bis September. Zucchinifrüchte sollten nicht zu groß wachsen und bei max. 20 cm Länge geerntet werden. Dadurch wird auch das Wachstum angeregt und letztendlich erntet man dadurch sogar mehr: Zucchinipflanzen tragen umso mehr, je öfter sie beerntet werden. Essen Sie auf keinen Fall eine bitter schmeckende Zucchini, denn bei ihr besteht die Gefahr, dass sie den Bitterstoff Cucurbitacin enthält, der die Schleimhaut im Magen-Darm-Bereich schädigen kann. Das Gleiche gilt auch für Gurken und Kürbisse. Der Bitterstoff ist aus Kürbisgewächsen eigentlich herausgezüchtet worden. Durch Rückmutationen und -kreuzungen können einzelne Früchte das Gift aber enthalten. Ziehen Sie keine Zucchinipflanzen aus eigenen Samen!

GUTE NACHBARN Basilikum, Bohnen, Zwiebeln.

SORTEN 'Cocozelle von Tripolis', 'Gold Rush', 'Zuboda'.

FRUCHTGEMÜSE

GURKE

— *Cucumis sativus*

AUSSAAT Ab Ende April in Töpfen vorziehen (nicht pikieren!) oder Direktsaat in der zweiten Maihälfte.

PFLANZZEIT Ab Mitte Mai auspflanzen. Jungpflanzen setzen, wenn diese maximal drei bis vier echte Laubblätter haben. Für Frostschutz sorgen.

ANBAU Sehr nährstoff- und humusreicher Boden. Vor der Pflanzung gut mit Kompost versorgen (Starkzehrer). Mulchen, damit die Feuchtigkeit besser im Boden bleibt. Sehr flache Wurzeln, deshalb nicht hacken. Möglichst mit vorgewärmtem Regenwasser gießen, da Gurken sehr chlorempfindlich sind. Während der Wachstumsphase zweimal mit Brennnessel- bzw. Beinwelljauche oder Smoothie im Wurzelbereich düngen. Vierjährigen Fruchtwechsel einhalten! Schlangengurken brauchen ein stabiles Rankgerüst.

PFLANZENSCHUTZ Vorbeugende Spritzungen gegen Mehltau abends oder bei bedecktem Himmel mit Effektiven Mikroorganismen "EM 500".

ERNTE Gurken von Juni bis September regelmäßig ernten. Das regt die Pflanzen an, immer wieder neue Früchte zu bilden.

GUTE NACHBARN Basilikum, Dill, Erbsen, Fenchel, Kohlarten, Salat, Stangenbohnen, Sellerie, Spinat, Zwiebeln.

SCHLANGENGURKEN-SORTEN 'Arola', 'Delikatess', 'Helena', 'Riesen Schäl', 'Tanja', 'Weiße Lange'.

EINLEGEGURKEN-SORTEN 'Balkon-Freude', 'National Pickling', 'Vorgebirgstrauben'.

PAPRIKA/CHILI

— *Capsicum annuum*

AUSSAAT Ab Februar auf der Fensterbank vorziehen. Wenn sich an den Sämlingen neben den Keimblättern das erste Laubblatt entwickelt, können Sie die Keimlinge in einzelne Töpfe pikieren.

PFLANZZEIT Nach den Eisheiligen, Mitte Mai, ins Freie setzen.

ANBAU Lockerer, humoser Boden an sonnigem, windgeschütztem Platz. Gemüse deshalb vor allem in Gewächshäusern oder im Folientunnel kultivieren. Anbau im Kübel ist auch möglich. Starkzehrer, daher Erde mit Kompost anreichern. Pflanzen mit Früchten sollten abgestützt werden. Um einen reichen Fruchtansatz zu fördern, kann man die sogenannte Königsblüte ausbrechen. Diese erste Blüte sitzt in der Mitte der untersten Stängelverzweigung.

PFLANZENSCHUTZ Neben Blattläusen interessieren sich auch Schnecken für die Pflanzen.

ERNTE August bis September. Bei den grün-roten Sorten sind dunkelgrün ausgefärbte Früchte und bei den gelb-roten Sorten gelbe Früchte pflückreif. Paprika ist reich an Vitamin C und enthält die wichtigen Mineralstoffe Magnesium, Kalium und Phosphor.

GUTE NACHBARN Kohlarten, Petersilie, Ringelblumen.

PAPRIKA-SORTEN 'Afrodita', 'California Wonder', 'Frühzauber', 'Liebesapfel', 'Pantos', 'Pusztagold', 'Yolo Wonder'.

CHILI-SORTEN 'De Cayenne', 'Jalapeno', 'Pfeffer', 'Sarit Gat'.

Tomaten

Lycopersicon esculentum, Solanum lycopersicum

AUSSAAT
Voranzucht Mitte/Ende März bis Anfang April. Sobald die Tomatenpflänzchen das erste entwickelte Blattpaar nach den Keimblättern zeigen, werden sie einzeln in Töpfe gesetzt.

PFLANZZEIT
Jungpflanzen ab Mitte/Ende Mai, nach den Eisheiligen, tief und etwas schräg ins Beet einsetzen, damit sich mehr Wurzeln bilden können.

ANBAU
Tiefgründiger, nährstoff- und humusreicher Boden. Tomaten sind Starkzehrer: Vor der Pflanzung gut mit Kompost versorgen. Pflanzen an Stützpfähle binden oder an Seilen nach oben leiten. Die meisten Tomatensorten müssen ausgegeizt werden: Nur bei trockenem Wetter und möglichst am Morgen ausgeizen, dann brechen die Geiztriebe besser. Die Geiztriebe ergeben einen wunderbaren Dünger für die Tomaten: Einfach damit mulchen! Beim Gießen nicht die Blätter benetzen, sondern nur die Wurzeln wässern. Tomaten können einige Jahre am gleichen Platz stehen, wenn eine gute Versorgung mit Kompost gewährleistet ist.

PFLANZENSCHUTZ
Tomaten im Freien mit einem Regendach schützen, um den Befall mit Braunfäule zu verhindern. Ringelblume als Begleitpflanze schützt vor Krankheiten.

ERNTE
Tomaten reifen nach und nach und werden entsprechend von Juli bis Ende September geerntet. Im Herbst können noch unreife Tomaten in der Wohnung (dunkel, warm) nachreifen.

GUTE NACHBARN
Basilikum, Bohnen, Kohlarten, Lauch, Möhren, Petersilie, Salat, Sellerie, Spinat, Zwiebeln.

SCHLECHTE NACHBARN
Erbsen, Fenchel, Gurken, Kartoffeln (wegen Kraut- und Braunfäule), Rote Bete.

SORTEN
Es gibt eine Riesenauswahl an Neuzüchtungen und historischen Sorten.

FREILAND- UND SALATTOMATEN
'Moneymaker' (frühe Reife, mittelgroße Früchte), 'Quadro', 'Rebella'.

BUSCHTOMATEN FÜR BALKON UND KÜBEL
'Balkonstar' (besonders reich tragend), 'Bogu's Fruchta', 'Paulinchen' (gelbe Früchte), 'Rotkäppchen'. Ausgeizen ist bei diesen Pflanzen nicht erforderlich.

FLEISCHTOMATEN
'Berner Rose', 'Liguria', 'Marmande'.

COCKTAILTOMATEN
'Corbarino' (rote Datteltomate), 'Dattelwein' (gelb, sehr frühe Reife), 'De Berao' (lang-oval, orangegelb), 'Yellow Submarine' (gelbe Birnentomate).

'Balkonstar'

HÜLSENFRÜCHTE

BUSCHBOHNEN

— *Phaseolus vulgaris* ssp. *vulgaris* var. *nanus*

AUSSAAT Voranzucht ab April in Töpfen.

PFLANZZEIT Ende Mai.

ANBAU Lockerer und warmer Boden. Alle Bohnen sind sehr kälteempfindlich. Pflanzen vorsichtig anhäufeln, um die Standfestigkeit zu erhöhen. Buschbohnen bedürfen keiner zusätzlichen Düngung. Mindestens dreijährigen Fruchtwechsel einhalten, auch mit anderen Leguminosen.

PFLANZENSCHUTZ Boden regelmäßig lockern. Dies „stört" die Maden und Puppen der Wurzelfliege.

GUTE NACHBARN Bohnenkraut, Erdbeeren, Gurken, Radieschen, Ringelblume, Rote Bete, Sellerie, Tomaten.

ERNTE Von Juli bis September regelmäßig ernten. Nach der Ernte die Wurzeln im Boden belassen, da sie die diesen mit Stickstoff für nachfolgende Pflanzen anreichern.

STANGENBOHNEN

— *Phaseolus vulgaris* ssp. *vulgaris* var. *vulgaris*

AUSSAAT Voranzucht ab April in Töpfen.

PFLANZZEIT Ende Mai.

ANBAU Lockerer und warmer Boden. Stangenbohnen benötigen ein stabiles Rankgerüst. Pflanzen in einer Höhe von 2 m kappen, damit sie sich verzweigen und neue Blüten bringen. Mindestens dreijährigen Fruchtwechsel einhalten!

PFLANZENSCHUTZ Boden regelmäßig lockern. Dies „stört" die Maden und Puppen der Wurzelfliege.

ERNTE Juli bis September. Rechtzeitige und regelmäßige Ernten sichern größere Erträge. Nach der Ernte verbleiben die Wurzeln im Boden. Sie reichern ihn mit Stickstoff an. Stangenbohnen reifen über einen längeren Zeitraum und bringen einen höheren Ertrag als Buschbohnen.

GUTE NACHBARN Bohnenkraut, Gurken, Ringelblume, Rote Bete, Salat, Sellerie, Spinat.

ERBSEN

— *Pisum sativum*

AUSSAAT Voranzucht in Töpfen: Palerbsen Mitte März, Zuckererbsen Ende März, Markerbsen Mitte April. Saattiefe 3 cm, Boden sollte nicht zu nass sein, damit die Samen nicht faulen.

ANBAU Lockerer, nährstoff- und kalkhaltiger Boden, möglichst sonniger Platz. Schwachzehrer, keine weitere Düngung notwendig. Erbsen reagieren empfindlich auf frische organische Düngung. Anbau mit Rankgittern. Regelmäßig gießen. Bei einer Höhe von 20 cm vorsichtig anhäufeln. Mindestens dreijährigen Fruchtwechsel einhalten!

ERNTE Mai/Juni bis August. Wenn die Erbsen reif sind, sollte alle drei Tage durchgepflückt werden. Nach dem Ernten die Pflanzen abschneiden und die Wurzel im Boden lassen – als Stickstoffversorgung für nachfolgendes Gemüse. Erbsenblätter als Mulch für Kohlgewächse verwenden. In einem feuchten Tuch eingeschlagen kann man die Hülsen ein bis zwei Tage im Gemüsefach des Kühlschranks aufbewahren.

GUTE NACHBARN Dill, Gurken, Kohlarten, Möhren, Radieschen, Rettich, Salat, Spinat.

PALERBSEN Können kleinkörnig geerntet und zum Kochen verwendet oder getrocknet werden: 'Allerfrüheste Mai', 'Feltham First', 'Kleine Rheinländerin'.

ZUCKERERBSEN Mit der Hülse essen: 'Graue Blaublühende', 'Schweizer Riesen', 'Zuckerarfen'.

MARKERBSEN Schmecken süß, sind meist größer und haben einen höheren Nährwert. Nach dem Trocknen können Sie sie nicht mehr zum Kochen verwenden. Sorten für Frischverzehr, Einmachen oder Einfrieren: 'Aldermann', 'Kelvex', 'Siegerin'.

ZWIEBELGEMÜSE

GEMÜSEZWIEBEL

— *Allium cepa*

AUSSAAT Januar bis März direkt in das Beet, Saatreihen mit gut verrottetem Kompost versorgen.

PFLANZZEIT Steckzwiebeln ab März im Abstand von ca. 10 cm. Steckzwiebeln nur so tief in den Boden stecken, dass ein Drittel der Zwiebeln aus dem Boden herausragt. Übrig gebliebene Steckzwiebeln vom Frühjahr können noch bis zum August gesteckt werden.

ANBAU Sonniger, durchlässiger, humusreicher und tiefgründiger Boden. Der bevorzugte Anbau erfolgt über Steckzwiebeln. Diese werden fest in den Boden gedrückt, sodass nur die Spitze noch zu sehen ist. Nur bei Trockenheit gießen. Boden zwischen den Reihen immer wieder lockern. Während der Wachstumsphase nicht mehr düngen (Mittelzehrer). Mindestens vierjährigen Fruchtwechsel einhalten!

PFLANZENSCHUTZ Falscher Mehltau und Zwiebelfliegen können den Pflanzen zu schaffen machen. Der beste Schutz gegen die Zwiebelfliege ist ein entsprechendes Schutznetz.

ERNTE Ab Ende Juni: Sobald das Laub vollständig gewelkt ist, sind die Zwiebeln erntereif. Boden mit Grabegabel lockern und Zwiebel herausziehen. Zum Lagern müssen die Zwiebel vorher gut getrocknet werden. Zwiebeln sind sehr gesund, sie enthalten Kalium, Calcium, Magnesium und Vitamin C.

GUTE NACHBARN Dill, Erdbeeren, Gurken, Knoblauch, Mangold, Möhren, Rote Bete, Salat, Sellerie, Tomaten.

SORTEN 'Allround', 'Borettana', 'Dorata di Bologna', 'Dunkelblutrote Braunschweiger', 'Stuttgarter Riesen', 'Sturon', 'Zittauer Gelbe'.

LAUCH/PORREE

— *Allium porrum*

AUSSAAT Ab Februar unter Glas aussäen, Winterporree im Juli direkt ins Freie säen.

PFLANZZEIT Sommerporree von Anfang bis Mitte April ins Freiland setzen, Herbstporree von Ende Mai bis Mitte Juni und Winterporree von Juli bis Mitte August.

ANBAU Tiefgründige, humose Lehmböden mit genügend Feuchtigkeit. Lauch ist ein Starkzehrer und benötigt viel Kalium, was z. B. in Beinwellblättern enthalten ist. Pflanzen regelmäßig anhäufeln. Dreijährigen Fruchtwechsel einhalten!

PFLANZENSCHUTZ Zum Schutz vor der Lauchfliege Kulturschutznetze ausbringen.

ERNTE Sommerporree im August, Herbstporree von September bis November, Winterporree den ganzen Winter über bis März.

GUTE NACHBARN Erdbeere, Möhre, Sellerie, Pastinake.

WINTERHECKENZWIEBEL

— *Allium fistulosum*

AUSSAAT April.

PFLANZZEIT Brutzwiebeln von April bis Juni, Pflanz-/Reihenabstand: 30/30 cm.

ANBAU Sonniger, durchlässiger, humusreicher und tiefgründiger Boden. Mittelzehrer. Anbau in Horsten, die dann jahrelang am gleichen Platz bleiben.

PFLANZENSCHUTZ Wenig anfällige Zwiebelart.

ERNTE Die Winterheckenzwiebel schiebt horstweise Blätter und bildet keine fleischigen Zwiebeln wie herkömmliche Arten. Die Blätter können fast das ganze Jahr über wie Schnittlauch als frisches Schnittgrün in der Küche verwendet werden. Sie schmecken aufs Brot, in Dips, Salaten und Gemüse.

GUTE NACHBARN Bohnenkraut, Dill, Erdbeere, Feldsalat, Möhre, Pastinake, Rote Bete, Salat, Tomaten.

KRÄUTER IM RAHMEN-GARTEN

Küchenkräuter anbauen und pflegen

Küchenkräuter gehören einfach in jeden Garten. Die wunderschönen, blühenden Pflanzen bringen Farbe und Duft in unsere Beete.

Kräuter und Gewürzpflanzen geben vielen Speisen wie Kräuterquark einen unverwechselbaren Geschmack. Nicht zu vergessen ihre gesundheitlichen Wirkungen, denn Küchenkräuter sind oft gleichzeitig auch Heilpflanzen. Kräuter wie Petersilie, Schnittlauch oder Bohnenkraut werden oft in den Gemüsebeeten neben ihren passenden Pflanzenpartnern mit angebaut. Andere wie Liebstöckel oder Estragon stehen als Solitärpflanzen etwas abseits.
Wenn es unsere Planungsmöglichkeiten erlauben, sollte unser Kräuterbereich möglichst nahe am Haus und im sonnigen Teil des Gartens liegen. Dies könnte zum Beispiel eine Kräuterspirale oder ein Kräutermosaik als Weg sein.

KRÄUTER-VIELFALT

Bei Küchenkräutern unterscheidet man grundsätzlich zwischen ein-, zwei- und mehrjährigen Kräutern. Einjährige Kräuter, wie Basilikum, Dill oder Kerbel, werden gerne als Mischkulturpartner zwischen das Gemüse gesät. Zweijährige Kräuter, wie die Petersilie, blühen erst im zweiten Jahr und sterben danach ab. Mehrjährige Kräuter, wie Salbei oder Thymian, erfreuen uns über viele Jahre. Sie sind die Hauptdarsteller im Kräutergarten und können im Laufe der Jahre zu stattlichen Pflanzen heranwachsen. Einige besonders wüchsige Pflanzen, beispielsweise Minzen, wuchern durch Wurzelausläufer sehr stark und würden ohne eine Wachstumssperre in wenigen Jahren den kompletten Garten durchwachsen. Am besten pflanzt man sie einzeln oder in Gefäße.

KRÄUTER PFLEGEN

Die meisten Kräuter sind anspruchslos und bevorzugen einen eher humushaltigen, aber durchlässigen Boden. Es reicht ihnen, wenn nach einem Regen verkrustete Böden wieder gelockert werden und nur bei anhaltender Trockenheit gegossen wird. Einmal im Jahr, zu Beginn der Wachstumsphase, kann man reifen Kompost leicht einarbeiten. Zu dicht gewordene

1

2

3

oder verholzte mehrjährige Pflanzen können im Frühjahr vor dem Blattaustrieb zurückgeschnitten werden. Oregano, Thymian, Salbei oder Bergbohnenkraut schneide ich etwa zwei Handbreit über dem Boden zurück. Bei Rosmarin werden lediglich die Triebspitzen zurückgenommen. Beschädigte oder vergreiste Triebe werden komplett entfernt. Kälteempfindliche mehrjährige Arten, wie die meisten Rosmarinsorten (Ausnahme: 'Veitshöcheim') oder Oregano, brauchen einen Winterschutz aus Reisig oder einem Vlies. Achten Sie schon beim Kauf der Kräuter auf die Angaben hinsichtlich der Eignung zum Überwintern im Freien.

Kräuter in Töpfen

Die meisten Kräuter können auch in Töpfen und Kästen angebaut werden, sofern der Wasserabzug gewährleistet ist. Kälte- oder frostempfindliche mehrjährige Vertreter, wie Rosmarin oder Zitronenverbene, werden zur Überwinterung ins Haus geholt.

1. Für die Randbereiche der Rahmenbeete eignet sich besonders Thymian als Bepflanzung, da er nicht zu hoch wächst.

2. Omas alte Töpfe können einen dekorativen kleinen Kräutergarten ergeben. Wichtig ist, dass das Wasser abfließen kann.

3. Namensschilder gibt es aus Holz, Metall oder Ton. So kommt es zu keiner Verwechslung.

KRÄUTER IN TÖPFEN

Nicht überall ist es möglich, sich einen kleinen Kräutergarten anzulegen. Als Alternative können viele Kräuter auch in Töpfen, Wannen oder anderen Gefäßen wachsen.

1.
Wasserabzugslöcher mit Steinen oder Tonscherben abdecken. Damit keine Staunässe entsteht, werden Dränagesteine auf den Boden gelegt.

2.
Gute Kräutererde zur Hälfte einfüllen. Topfkräuter können weder Nähstoffe noch Wasser aus tieferen Schichten nutzen. Sie sind auf unsere Versorgung angewiesen.

3.
Kräuter austopfen, Wurzelballen lockern, auf der Erde verteilen. Erde bis zum Rand auffüllen und andrücken.

4.
Angießen nicht vergessen! Erde und Wurzeln können sich in den Sommermonaten sehr stark aufheizen. In dieser Zeit benötigen die Pflanzen regelmäßig Wasser, sonst besteht die Gefahr, dass sie schnell vertrocknen. Manchmal ist es auch angebracht, die Pflanzen in einen schattigeren Bereich zu stellen.

5.
Verschiedene Kräuter (von links Zitronenverbene, Thymian, Lavendel, Paprika, Tomate, Salbei, Petersilie, Rosmarin) auf einer Terrasse. Je nach Pflanzenart und Wintertauglichkeit sollten die Kräuter in der kalten Jahreszeit entweder im Gewächshaus oder im Keller einen kühlen, möglichst hellen Überwinterungsplatz bekommen.

Kräuter ernten und haltbar machen

Der richtige Zeitpunkt, zu dem wir unsere Kräuter ernten, ist entscheidend für die Qualität. Weiter verarbeitete Kräuter lassen sich das ganze Jahr nutzen.

Blatt- und Blütenkräuter entfalten ihre beste Würzkraft vor oder während der Blüte. Im Tagesverlauf finden wir den höchsten Gehalt an Wirkstoffen und ätherischen Ölen an sonnigen Tagen um die Mittagszeit. Ungeeignet sind dagegen kühle und regnerische Tage. Die Samen von Anis, Koriander, Fenchel oder Kümmel ernten wir, wenn diese reif sind und die Samen sich leicht vom Samenstand lösen lassen. Auch hier gilt, dass nur bei trockenem Wetter gesammelt werden sollte. Bei Pflanzen, von denen die Wurzeln zu verwenden sind, ist die beste Sammelzeit der Herbst, weil die Pflanzen jetzt ihre Inhaltsstoffe in der Wurzel einlagern.

FRISCH ODER GETROCKNET?

Stark aromatische Kräuter, wie Rosmarin, Salbei, Ysop, Minze, Thymian, Bohnenkraut, Oregano und Kümmel, eignen sich wunderbar zum Trocknen. Hierzu können die Kräuter an einem trockenen, luftigen Ort aufgehängt werden. Sie lassen sich aber auch in Körben oder Holzkisten oder im Backofen bzw. Dörrgerät trocknen. Wichtig ist, dass die Blätter vollkommen durchgetrocknet sind, bevor sie gelagert werden. Restfeuchtigkeit würde zwangsläufig zur Schimmelbildung führen. Die getrockneten Kräuter werden in luftdicht verschlossenen Dosen oder Gläsern entweder als einzelnes Würzkraut oder in Kräutermischungen aufbewahrt.

KRÄUTER EINFRIEREN

Kräuter, die beim Trocknen schnell ihr Aroma verlieren, wie Petersilie, Liebstöckel, Dill oder Koriander, friert man am besten ein. Hierzu werden die Kräuter gleich portioniert und können so später als Würzwürfel beim Kochen verwendet werden.

1

2

3

1. Kisten oder Körbe eignen sich gut zum Trocknen von Kräutern. An einen luftigen und trocknen Platz stellen!

2. Mit Dörrgeräten lassen sich Kräuter schonend trocknen. Man kann die Kräuter vor oder nach dem Trockenvorgang zerkleinern.

3. Einfrieren: Frisch geerntete Kräuter waschen, trocken tupfen, zerkleinern und portionsweise in Eiswürfelbehälter, Gefrierbeutel oder kleinere Dosen füllen.

KRÄUTER VERWERTEN

Der Geschmack frischer Kräuter ist unübertrefflich, aber auch die Weiterverarbeitung und Haltbarmachung sorgt für aromatische Vielfalt.

1.

Kräuterquark: Nehmen Sie Quark nach Ihrer Wahl und mischen Sie diesen mit verschiedenen kleingehackten Kräutern. Besonders geeignet sind Petersilie, Schnittlauch oder auch Wildkräuter wie Bärlauch. Dekorieren können Sie alles mit essbaren Blüten. Ein paar Kartoffeln dazu und fertig ist ein leckeres Essen.

2.

Kräutersalz: Getrocknete Kräuter in einer Küchenmaschine zerkleinern, mit Salz vermengen und in Dosen oder Gläser aufbewahren. Seien sie bei den Mischungen experimentierfreudig und probieren Sie verschiedene Aromen aus.

3.

Kräuteröl und -essig: Kräuter, beispielsweise Rosmarin, Estragon oder Thymian vorsichtig in die Flaschen geben und mit gutem Öl oder Essig auffüllen. Wichtig ist, dass die Kräuter vollkommen bedeckt sind, sonst kommt es leicht zu Schimmelbildung. Zur Geschmacksverbesserung kann man noch Knoblauch oder Chili hinzugeben.

4.

Kräuterbutter: Butter oder eine vegane Alternative bei Zimmertemperatur weich werden lassen. Kräuter nach Wahl klein schneiden und zusammen mit getrockneten Tomaten und einem Schuss Öl in der Küchenmaschine vermischen.

KÜCHENKRÄUTER

KNOBLAUCH

— *Allium satirum*

PFLANZZEIT Herbstanbau im September/Oktober oder Frühjahrsanbau im März/April: Knoblauchzehen etwa 3 bis 4 cm tief stecken. Pflanz-/Reihenabstand: 15/20 cm.

ANBAU Sonnige Lage, sandige und tiefgründige Böden. Vor der Pflanzung des mehrjährigen Zwiebelgewächses kann gut verrotteter Kompost ins Pflanzloch gegeben werden.

ERNTE UND VERWENDUNG Mai bis September. Das Knoblauchgrün kann im Frühjahr wie Schnittlauch verwendet werden. Nach dem Verbräunen der Laubs werden die Knoblauchzwiebeln geerntet und zum Trocknen aufgehängt. Knoblauch wird seit Jahrtausenden als Heilpflanze für Blut, Herz und Gefäße verwendet. Weit weniger bekannt ist die desinfizierende Wirkung der ätherischen Öle auf unsere Darmflora, bei der Parasiten und Würmer aus dem Körper ausgeschieden werden. Auch bei Erkältungskrankheiten wird Knoblauch eingesetzt.

SCHNITTLAUCH

— *Allium schoenoprasum*

AUSSAAT Ab Mitte März direkt ins Freiland (Kaltkeimer).

PFLANZZEIT Ab April. Reihenabstand 20 cm.

ANBAU Sonnige Lage, nährstoffreicher Boden. Schnittlauch kann auch wunderbar als blühende Abgrenzung gepflanzt werden. Bereits im Januar kann man Schnittlauch im Haus antreiben: Hierzu gräbt man einen Wurzelstock aus dem Garten aus und stellt ihn ins warme Haus.

ERNTE UND VERWENDUNG Der mehrjährige Schnittlauch kann das ganze Jahr über geerntet werden und wächst immer wieder nach. Schnittlauch (Blätter, Knospen, Blüten) sollte roh verzehrt werden. Hier entfaltet er die beste Wirkung. Senföle haben einen positiven Effekt auf die Verdauung, lösen Blähungen und regen den Appetit an. Zur Konservierung portionsweise einfrieren.

SORTEN 'Forescate', 'Grolau', 'Profusion'.

DILL

— *Anethum graveolens*

AUSSAAT In Abständen ab April direkt ins Freiland an hellen und sonnigen Stellen, Reihenabstand 20 cm oder breitwürfig zwischen Gemüsereihen aussäen. Die Saatbeete dürfen nicht austrocknen. Dillsamen von stehengeblieben Dolden des Vorjahres keimen schneller und zuverlässiger.

ANBAU Der einjährige Doldenblütler liebt durchlässigen, nicht zu nährstoffreichen, kalkhaltigen Boden.

ERNTE UND VERWENDUNG Die grünen Blätter werden bei Bedarf von Mai bis September geerntet. Dill sollte nach Möglichkeit immer frisch verwendet werden, da die Blätter schnell welken. Zur Konservierung kann man Dill trocknen oder portionsweise einfrieren. Verwendung als Blattgewürz für Soßen, Salate, Kräuteressig, Einlegegurken. Die Samen können wie Kümmel genutzt werden.

SORTEN 'Elefant', 'Hercules', 'Tetra Dill', 'Vierling'.

KERBEL

— *Anthriscus cerefolium*

AUSSAAT Ab Ende März flach und nur dünn mit Erde bedeckt aussäen, mehrere Folgesaaten planen. Reihenabstand 15 cm. Da Kerbel sich nicht gerne verpflanzen lässt, am besten gleich am gewünschten Platz aussäen.

ANBAU Relativ anspruchsloser, schnell wachsender einjähriger Doldenblütler. Sonniges oder halbschattiges Beet mit lockerem, mäßig feuchtem Boden. Gartenkerbel kann sehr gut auf dem Balkon oder im Topf in der Küche selbst gesät werden

ERNTE UND VERWENDUNG Blätter, Triebe und Blüten von Mai bis November. Am besten nur frisch – etwa drei Wochen nach der Aussaat – verwenden, da er getrocknet an Aroma verliert. Nicht mitkochen! Würzkraut für Suppen, Soßen, Käse, Quark, Kräuterbutter, Eier- und Kartoffelgerichte. Kerbel ist Bestandteil der französischen Kräutermischung „Fines herbes" und der Frankfurter Grünen Soße.

BAU EINER KRÄUTERSPIRALE

Für Kräuterliebhaber mit einem sonnigen Platz im Garten ist eine Kräuterspirale genau das Richtige. Sie benötigt inklusive der Wege 3 x 3 m.

1.
Nach dem Einebnen der Fläche den Verlauf der Spirale mit Sand auf den Boden streuen. Entlang dieser Linie die erste Lage Steine setzen. Achten Sie darauf, dass die Steine leicht nach hinten geneigt sind und nicht gerade sitzen. Dies trägt später wesentlich zur Stabilität bei. Ab der zweiten Reihe den Anfang immer ein Stück nach hinten versetzen. So entsteht das abfallende Ende der Kräuterspirale.

2.
Erde einfüllen. Der Sandanteil sollte mit zunehmender Höhe der Spirale erhöht werden, da er den Boden trockener und durchlässiger macht.

3.
Größere Kräuter, wie Salbei, Rosmarin oder Estragon, kommen ganz nach oben. Dann geht es langsam spiralförmig nach unten mit Zitronenmelisse, Koriander, Anis, Schnittlauch, Thymian und Majoran. Ganz unten in die fruchtbarste Erde kommen Petersilie und Basilikum. Minzen sollten Sie nicht ohne ein Gefäß in die Kräuterspirale pflanzen. Die Wurzelausläufer würden innerhalb weniger Jahre ihre Spirale komplett durchwachsen.

4.
Die Kräuterspirale ist nun fertig und die Pflanzen sind angewachsen. Mit einigen Kapuzinerkressen können sie die Kräuterspirale noch farblich aufpeppen.

PETERSILIE

— *Petroselinum crispum*

AUSSAAT Ab März Voranzucht, ab April direkt ins Freie. Folgesaat bei Glattpetersilie.

PFLANZZEIT April bis Oktober. Pflanzabstand/Reihenabstand: 15 cm.

ANBAU Halbschattiger, feuchter, humushaltiger und durchlässiger Boden. Im Frühjahr gut verrotteten Kompost leicht einarbeiten. Petersilie verträgt keine frisch gedüngten Böden. Über den Winter kann man sich eine Pflanze aus dem Garten mit auf die Fensterbank nehmen.

ERNTE UND VERWENDUNG In den Sommermonaten kann die zwei- bis dreijährige Petersilie regelmäßig geerntet werden. Verwendung in Pesto, Salat, Suppen, Frankfurter Grüner Soße, Kräuterbutter, zu Bratkartoffeln, Kräuterpfannkuchen und zum Garnieren. Nicht mitkochen! Zum Konservieren ist das portionsweise Einfrieren optimal.

SORTEN 'Mooskrause', 'Italienische Petersilie'.

BERG-BOHNENKRAUT

— *Satureja montana*

AUSSAAT Voranzucht ab Ende März oder Direktaussaat ab Mitte Mai. Lichtkeimer, daher Samen nicht oder nur sehr dünn mit Erde bedecken.

PFLANZZEIT Ab Mai, Pflanz-/Reihenabstand: 20 bis 30/30 cm.

ANBAU Der mehrjährige Lippenblütler verträgt Sonne oder halbschattige Lagen in durchlässigen, humus- und kalkhaltigen Böden. Berg-Bohnenkraut bevorzugt eher nährstoffarme Standorte und reagiert empfindlich auf übermäßiges Düngen und Gießen.

ERNTE UND VERWENDUNG Berg-Bohnenkraut kann nahezu ganzjährig frisch verwendet werden. Zur Konservierung kann man es trocknen oder einfrieren. Wenn Sie Bohnen einfrieren, geben Sie gleich einen Zweig Berg-Bohnenkraut mit dazu. Verwendung in Eintöpfen, Bohnen-, Gemüse-, Kartoffel-, Lamm- und Fischgerichten.

KÜCHENKRÄUTER

ESTRAGON

— *Artemisia dracunculus*

AUSSAAT Eher schwierig, besser Jungpflanzen zukaufen und pflanzen.

PFLANZZEIT Ab April. Als mehrjährige Solitärpflanze mit hohem Platzbedarf einplanen, wird 60 bis 150 cm hoch.

ANBAU Sonnige Lage, humus- und nährstoffhaltiger Boden. In rauen Lagen ist Winterschutz erforderlich.

ERNTE UND VERWENDUNG Frische Triebspitzen können von Ende April bis in den Oktober geerntet werden. Größtes Aroma kurz vor der Blüte, das beim Trocknen merklich leidet. Portionsweise einfrieren ist die bessere Alternative. Verwendung am besten frisch und in kleinen Mengen zu Salaten, Soßen, Suppen, Geflügel, Quark, Kräuteressig und Kräutersenf. Zum Mitkochen geeignet.

SORTEN Deutscher, Französischer und Russischer Estragon. Deutscher und Französischer Estragon übertreffen den Russischen Estragon sehr in Würzkraft und Aroma.

LIEBSTÖCKEL

— *Levisticum officinale*

AUSSAAT Voranzucht ab März, Direktaussaat ab April.

PFLANZZEIT April/Mai. Mehrjährige winterharte Solitärpflanze mit hohem Platzbedarf und einer Höhe von bis 2 m.

ANBAU Sonnige oder halbschattige Lage. Feuchter, nährstoffreicher Boden.

ERNTE UND VERWENDUNG Junge Blätter während des ganzen Sommers. Frische Blätter passen zu Suppen, Eintöpfen, Rohkost, Fleischgerichten und Gemüse. Liebstöckel hat eine hohe Würzkraft und sollte daher nur sparsam verwendet werden. Getrocknete Blätter verlieren kaum an Aroma und lassen sich zusammen mit Salz wunderbar zu einem Kräutersalz mixen. Liebstöckelblätter können mitgekocht werden. Auch die Wurzeln können getrocknet werden. Wirkt verdauungsfördernd, blähungs- und harntreibend. Nicht bei Nierenerkrankungen und während der Schwangerschaft anwenden!

KRÄUTERMOSAIK

Für ein Kräutermosaik benötigen Sie eine ebene, sonnige Fläche und Wegeplatten. Am schönsten sehen Natursteine aus Kalk, Porphyr oder Granit aus.

1.

Die Fläche mit einem Rechen einebnen. Große Erdbrocken oder Steine entfernen.

2.

Die Platten können ruhig unterschiedlich lang, aber ihre Breite sollte gleich sein. Betonplatten haben den Vorteil, dass diese exakt die gleichen Maße haben. Platten wie ein Schachbrett verlegen: Die Ecke einer Platte stößt an die Ecke einer andern Platte. Wenn die Platten schwer genug sind, können Sie diese einfach auf die ebene Fläche legen. Immer wieder mit der Wasserwaage kontrollieren, dass alles gerade ist.

3.

Zwischenräume mit feinkrümeligem und steinfreiem Gartenboden auffüllen. Sehr hilfreich ist ein Durchwurfsieb.

4.

Wenn Sie oft durch die Fläche laufen müssen, ist es ratsam, die Wege ohne Zwischenräume zu verlegen oder niedrig bleibende Kräuter zu pflanzen. Höhere Kräuter, wie Estragon, Beifuß oder Liebstöckel, am Rand der Fläche oder auch als Sichtschutz pflanzen.

5.

Die Kräuter sind gut angewachsen – Erntezeit! Sie können sich im Kräutermosaik gut bewegen, ohne die Pflanzen zu schädigen.

MEDITERRANE KRÄUTER

OREGANO

— *Origanum vulgare*

AUSSAAT Voranzucht ab Ende März oder Direktaussaat ab Mitte Mai. Lichtkeimer, Samen nicht oder nur sehr dünn mit Erde bedecken.

PFLANZZEIT Nach den Eisheiligen, ab Mitte/Ende Mai. Der Wurzelstock verzweigt sich stark, daher wird entsprechend Platz benötigt.

ANBAU Für sonnige, geschützte Standorte und humushaltigen, kalkhaltigen, warmen Boden ohne Staunässe. Nach dem Winter die Triebe dicht über dem Boden zurückschneiden, um das Wachstum anzuregen.

ERNTE UND VERWENDUNG Den ganzen Sommer über junge Triebe frisch verwenden, trocknen (Schnitt während der Blüte) oder einfrieren. Verwendung in der mediterranen Küche, erst am Ende der Garzeit zugeben.

SORTEN Griechischer Oregano, Spanischer Oregano, Winterharter Majoran (*Origanum x majoricum*), 'Zatar'.

SALBEI

— *Salvia officinalis*

AUSSAAT Ab Februar Voranzucht möglich.

PFLANZZEIT Ab Mitte Mai. Vor der Pflanzung Boden mit reifem Kompost anreichern. Beachten Sie bei der Pflanzung, dass der mehrjährige Salbei viel Platz benötigt! Als Solitärpflanze setzen.

ANBAU Sonnige, geschützte Standorte und humushaltige, warme, Böden. Ein regelmäßiger Rückschnitt nach der Blüte ist empfehlenswert.

ERNTE UND VERWENDUNG Blätter können immer wieder geerntet und frisch, aber auch getrocknet verwendet werden. Verwendung in der mediterranen Küche, zu Braten und Fleischgerichten, grünen Bohnen, Erbsen, Pasta, Gemüse, Eintöpfen und Suppen. Aus der Naturapotheke ist Salbei mit seinen entzündungshemmenden Eigenschaften als Gurgel- und Mundwasser nicht wegzudenken.

SORTEN 'Aurea', 'Berggarten', 'Icterina', 'Purpurascens'.

ROSMARIN

— *Rosmarinus officinalis*

PFLANZZEIT April bis Oktober. Immergrünen Halbstrauch als Solitärpflanze setzen.

ANBAU Sonniger Platz und magerer, kalkhaltiger durchlässiger Boden. Ältere Pflanzen im Frühjahr einmal mit reifem Kompost düngen und Triebspitzen zurückschneiden. Nur in den Sommermonaten sparsam gießen. Nicht winterfeste Sorten sollten entsprechend geschützt werden bzw. in Kübeln in hellen und kühlen Räumen (0 bis 10 °C) überwintert werden. Rosmarinpflanzen lassen sich in den Sommermonaten leicht durch Stecklinge vermehren.

ERNTE UND VERWENDUNG Ganzjährig frische Triebe ernten oder trocknen. Verwendung in der mediterranen Küche zu Gemüse, Kräuteressig, Kräuteröl, Fisch, Fleisch, Kartoffeln Kräuterwein.

WINTERHARTE SORTEN 'Arp', 'Hill Hardy', 'Salem', 'Veitshöchheim'.

stärkt die Nerven, aktiviert Leber und Galle

THYMIAN

— *Thymus vulgaris*

AUSSAAT Voranzucht im März/April, Direktaussaat ab April. Lichtkeimer, Samen nicht oder dünn mit Erde bedecken.

PFLANZZEIT April bis Oktober, Pflanz-/Reihenabstand: 25/30 cm.

ANBAU Sonniger, geschützter Standort und humushaltige, kalkhaltige, warme Böden. Nicht zu viel gießen! Die mediterrane mehrjährige Pflanze ist eher trockenheitsliebend. Nach der Blüte zur Pflanzenverjüngung zurückschneiden.

ERNTE UND VERWENDUNG Die immergrünen Triebe können nahezu das ganze Jahr über geerntet werden. Thymian kann frisch oder getrocknet in der mediterranen Küche verwendet werden. Auch als Hustenkraut und bei Katarrhen der oberen Luftwege kann Thymian-Tee oder -Inhalation helfen.

ARTEN Zitronenthymian, Orangenthymian, Feldthymian, Kümmelthymian, Quendel.

Basilikum

Ocimum basilicum

AUSSAAT
Ab März auf der Fensterbank. Lichtkeimer, daher Samen nicht mit Erde bedecken. Die Temperaturen sollten bei der Keimung um die 20 °C, nicht jedoch unter 16 °C, liegen. Praktische Alternative sind Saatscheiben, die das Saatgut bereits im richtigen Abstand enthalten.

PFLANZZEIT
Nicht vor den Eisheiligen Mitte Mai ins Freie pflanzen!

ANBAU
Sonnige, geschützte Standorte und humushaltige, warme, Böden werden bevorzugt. Darauf achten, ausreichend zu gießen, und zwar den Wurzelbereich, aber nicht die Blätter: Basilikum mag es nicht, wenn beim Gießen die Blätter befeuchtet werden. Dies begünstigt die Entstehung von Pilzerkrankungen. Düngen nach Bedarf mit Kompostgaben, Kräuterjauchen oder Smoothie. Da die Pflanze besonders sonne- und wärmeliebend ist, sind die allermeisten Sorten einjährig. Zu den mehrjährigen Sorten, die im Haus überwintern können, gehören 'Wildes Pupur', 'African Blue' und das Indische Basilikum 'Tulsi'.
Eine sonnige Fensterbank auf der Südseite des Hauses oder ein beheizter Wintergarten sind ein ausgezeichneter Standort für die Überwinterung mehrjähriger Basilikumsorten. So können Sie auch im Winter frisches Basilikum ernten.

ERNTE UND VERWENDUNG
Junge Spitzentriebe des einjährigen Krauts können während der Sommermonate regelmäßig abgezupft werden, dann werden die Pflanzen schön buschig. Verwendung in der mediterranen Küche: Tomatenbeilage, Pizza, Pasta, Pesto, Kräuterbutter, Kräuteressig, Kräuteröl. Nicht mitkochen! Frisch verwenden oder portionsweise einfrieren. Getrocknetes Basilikum verliert sein ursprüngliches Aroma.

SORTEN

1. 'AFRICAN BLUE'
Ausdauernde, wüchsige und gesunde Kreuzung von Kampferbasilikum mit rotem Basilikum. Am besten im Frühjahr aus Stecklingen neue Pflanzen ziehen. Wird gerne zum Räuchern genommen

2. 'GENOVESER'
Das bekannteste Basilikum. Mit seinen großen, dunkelgrünen Blättern und seinem typischen Aroma ist es die beliebteste Sorte für Tomatensalate, raschwüchsig und relativ unempfindlich.

3. VANILLE-BASILIKUM 'BLUE SPICE'
Das Vanille-Basilikum hat nicht nur eine betörend würzige Vanillenote im Geschmack, sondern auch noch wunderschöne, relativ kleine purpurfarbene essbare Blüten. Das Aroma passt besonders zu mediterranen Gerichten.

4. 'GREEN PEPPER'
Sehr robuste, kälteresistente Basilikumsorte mit dem Aroma grüner Paprika. Bevorzugt als Standort eher Halbschatten als pralle Sonne. Sehr lecker zu Frischkäse oder Eiergerichten.

5. 'WILDES PURPUR'
Sehr wüchsiges rotblättriges Basilikum mit einem pfefferigen Aroma. Die purpurroten Blätter sind größer als bei anderen ausdauernden Arten. Vermehrung über Stecklinge im Frühjahr.

6. STRAUCHBASILIKUM 'PESTO PERPETUO'
Ausdauerndes, weiß panaschiertes Basilikum. Sehr kompakter Wuchs. Ideal für Töpfe und Balkonkästen. Diese weißrandige Sorte blüht kaum, wächst dafür aber ständig nach. Sehr lecker für Pesto. Überwinterung bei mindestens 15 °C. Blätter beim Kochen erst am Ende der Garzeit hinzugeben, da sonst zu viele Aromastoffe verlorengehen.

SORTEN

1

2

3

4

5

6

TEEKRÄUTER

MINZE

— *Mentha* spec.

PFLANZZEIT März bis Oktober. Um den stark wuchernden Wurzelausläufern Einhalt zu gebieten, sollten Minzen eine Wurzelsperre bekommen oder in größeren Gefäßen angebaut werden (Erde alle zwei Jahre auswechseln).

ANBAU Sonnige Lage, nährstoff- und humusreicher feuchter Boden. Regelmäßig gießen. Pfefferminzen sollten vor zu starker Sonneneinstrahlung geschützt werden. Im Herbst schneiden Sie die Triebe bis kurz über dem Boden zurück. Die meisten Minzen sind winterhart und benötigen keinen Schutz. Die mehrjährigen, sehr wüchsigen Minzen können einfach über Wurzelstücke vermehrt werden.

ERNTE UND VERWENDUNG Frische Minzblätter stehen von April bis zum ersten Frost im Oktober durchgängig zur Verfügung. Den kräftigsten Geschmack entfaltet die Minze in den frühen Morgenstunden. Die Blätter können frisch oder getrocknet verwendet werden: für Soßen, Quark, Desserts, Gelees, Drinks, Kräuteressig oder Tee.

ARTEN UND SORTEN Apfelminze (*Mentha suaveolens*), Nana-Minze (*Mentha spicata* var. *crispa* 'Nana'), Pfefferminze (*Mentha x piperita*), Rundblättrige Minze (*Mentha rotundifolia*).

1. Mörtelwannen aus dem Baumarkt werden in der Erde vergraben. In den Boden der Wannen Löcher zum Entwässern bohren und Wannen mit Gartenboden verfüllen.
2. Die Wannen werden mit verschiedenen Minzen bepflanzt. Wurzelausläufer, die über den Rand wachsen, können leicht entfernt werden.
3. 'Hemingway Minze' – perfekt für Limonaden und Cocktails.

schneckt super lecker in Smoothie

ZITRONENMELISSE

— *Melissa officinalis*

PFLANZZEIT Junge Pflanzen Mitte Mai, nach den Eisheiligen, als Solitär pflanzen.

ERNTEZEIT Nahezu ganzjährig.

ANBAU Warmer, windgeschützter, halbschattiger Platz. Humusreicher, tiefgründiger, leicht erwärmbarer Boden. Nach dem Schnitt mit Brennnesseljauche oder Smoothie düngen, das fördert den Neuaustrieb der winterharten Pflanze.

ERNTE UND VERWENDUNG Blätter vor der Blüte ernten, frisch oder getrocknet verwenden: für Rohkost, Obstsalat, Kräuterquark, Kräuteressig, Sirup, Süßspeisen, Tee. Smoothies gibt Zitronenmelisse einen leckeren und frischen Geschmack. Tee und Melissengeist wirken beruhigend, entspannend und krampflösend. Er wird insbesondere bei Problemen mit dem Verdauungssystem, bei Schlafstörungen und depressiven Verstimmungen angewandt.

GRIECHISCHER BERGTEE

— *Sideritis syriaca*

PFLANZZEIT Im Frühjahr als Solitär pflanzen.

ANBAU Sonniger Standort, durchlässiger und kalkhaltiger Boden, zum Beispiel in Steingärten. Nicht direkt in die Rahmenbeete pflanzen, sondern an den Rand des Gartens oder zwischen die Beete, so wie die anderen Kräuter auch. Die Pflanze ist mehrjährig, sollte aber im Winter vor Frost geschützt werden.

ERNTE UND VERWENDUNG Zur Blütezeit im Juli und August werden die Blätter und Blütenkerzen geerntet und frisch oder getrocknet zur Teezubereitung genutzt. Der Tee wirkt sanft anregend, stimulierend, entzündungshemmend und entkrampfend und soll bei Erkältungen, Verdauungsstörungen und zur Abwehrstärkung helfen. Für die Tee-Zubereitung verwenden Sie etwa 5 bis 10 g Griechischen Bergtee auf 1 l Wasser. Lassen Sie den Tee zehn Minuten lang ziehen.

ZUM WEITERLESEN

- Simon Akeroyd: **Selbstversorgung für Einsteiger**. Dorling Kindersley
- Jürgen Amthor und Werner Krieger: **Wunderbare Welt mit Effektiven Mikroorganismen**. W. Krieger Fränkische Illustrierte
- Andrea Heistinger / Arche Noah: **Das große Biogarten-Buch**. Ulmer
- Marie-Luise Kreuter: **Der Biogarten**. blv
- Anne Lorch: **Mit EM durch Gartenjahr**. Verlag Anne Lorch
- Wolf-Dieter Storl: **Der Selbstversorgergarten**. Gräfe und Unzer
- Schwester Christa Weinrich OSB: **Biologisch Gärtnern**. av Buch
- Schwester Christa Weinrich OSB: **Geheimnisse aus dem Klostergarten**. Kosmos
- Schwester Christa Weinrich OSB: **Mischkultur im Hobbygarten**. Ulmer

HILFREICHE ADRESSEN

Rahmenbeete

- www.klostermanufaktur.de

Gärtnern

- www.bio-gaertner.de
- www.biogartenfuellhorn.de
- www.bodenwelten.de
- www.kleingaertnerin.de
- www.mein-schoener-garten.de
- www.oekogarten-voelklingen.de

Saatgut

- www.arche-noah.at
- www.bingenheimersaatgut.de
- www.dreschflegel-saatgut.de

Kräuter

- www.gaissmayer.de
- www.kraeuter-und-duftpflanzen.de

Nützliches für Haus und Garten

- www.abtei-fulda.de
- Bodenuntersuchungsinstitute: Die Adressen Landwirtschaftlicher Untersuchungsanstalten und privater Bodenuntersuchungsinstitute findet man im Internet.
- www.keimling.de
- www.kupfer-anton.de
- www.perfektegesundheit.de

Effektive Mikroorganismen

- www.bio-bahnhof.de
- www.em-chiemgau.de
- www.emiko.de
- www.em-kaufhaus.de
- www.em-sued.de
- www.multikraft.com
- www.pro-top.de

REGISTER

Die **hervorgehobenen Seitenzahlen** verweisen auf Abbildungen.

BILDNACHWEIS

203 Farbfotos wurden von Otmar Diez, Sulzthal für dieses Buch aufgenommen.

Weitere 4 Farbfotos von Flora Press/Botanical Images: 126 o.; Flora Press/Meyer-Rebentisch: 100 u.; Flora Press/Gary Smith: 106 u.; Bernd Sachs, Sulzthal: 8.

Mit 34 Illustrationen von Claudia Schick, Neumarkt.

IMPRESSUM

Umschlag- und Klappengestaltung von Gramisci Editorialdesign, Claudia Geffert unter Verwendung von eines Farbfotos von Getty Images/cjp (Umschlagrückseite und sechs Farbfotos von Otmar Diez, Sulzthal sowie einem Farbfoto von Bernd Sachs,
Sulzthal (hintere Außenklappe)

Mit 207 Farbfotos und 34 Farbzeichnungen.

Alle Angaben in diesem Buch sind sorgfältig geprüft und geben den neuesten Wissensstand bei der Veröffentlichung wieder. Da sich das Wissen aber laufend in rascher Folge weiterentwickelt und vergrößert, muss jeder Anwender prüfen, ob die Angaben nicht durch neuere Erkenntnisse überholt sind. Dazu muss er zum Beispiel Beipackzettel zu Dünge-, Pflanzenschutz- bzw. Pflanzenpflegemitteln lesen und genau befolgen sowie Gebrauchsanweisungen und Gesetze beachten.

Die Blütenfarben sind sortenabhängig, daher können auch Farben auf dem Markt sein, die im Buch nicht genannt werden. Die Blütezeiten sind ebenfalls sortenabhängig, aber auch klima- und standortabhängig. Die angegebenen Wuchshöhen und -breiten der Pflanzen sind Mittelwerte. Sie können je nach Nährstoffgehalt des Bodens variieren. Verschiedene Sorten können deutlich größer oder auch kleiner wachsen als die Art.

Unser gesamtes Programm finden Sie unter **kosmos.de**. Über Neuigkeiten informieren Sie regelmäßig unsere Newsletter, einfach anmelden unter **kosmos.de/newsletter**

FSC MIX Papier aus verantwortungsvollen Quellen FSC® C110508 www.fsc.org

Gedruckt auf chlorfrei gebleichtem Papier

ISBN 978-3-440-17204-9
Projektleitung: Carolin Küßner
Redaktion: Carolin Küßner
Bildredaktion Carolin Küßner
Gestaltungskonzept: Gramisci Editorialdesign, Claudia Geffert
Gestaltung und Satz: Die Lotsen, Marbach
Produktion: Klaus Jost
Druck und Bindung: Westermann Druck Zwickau GmbH, Zwickau
Printed in Germany / Imprimé en Allemagne

Expertenwissen — für den Garten

128 Seiten, ca. €(D) 17,00

Wann dürfen die Karotten ins Freiland? Wie muss ich Tomaten ausgeizen? Und woran erkenne ich erntereifen Spinat? Dieser neue Ratgeber für Selbstversorger beantwortet jede Frage zur Gartenpraxis im Gemüsebeet anhand von detaillierten Fotos. Von Aussaat und Pflanzung bis zur Ernte wird auf den Fotos gezeigt, wie die Pflanze gerade aussieht und was im jeweiligen Stadium zu tun ist. Die anschaulichen, leicht verständlichen Anleitungen werden ergänzt durch eine übersichtliche Tabelle zu Mischkulturpartnern, Pflanzabständen und Kulturdauer. Der perfekte Begleiter, besonders für Einsteiger beim Gemüsegärtnern.

Gesunde Pflanzenpracht ganz ohne Chemie, das ist ohne viel Mühe im eigenen Garten möglich. Die Gartenprofis Joachim Mayer und Franz-Xaver Treml verraten ihre 50 besten Rezepte – von Ackerschachtelhalm-Brühe über Kompost-Tee bis Rainfarn-Auszug. Sie zeigen, wie man natürliche Flüssigdünger selbst herstellt und sie gezielt zur Stärkung und Düngung einsetzt: für fruchtbare Böden und kräftige Pflanzen im Garten, Hochbeet und auf dem Balkon.

128 Seiten, ca. €(D) 16,00

kosmos.de

HAUPTKULTUREN

Pflanzengruppe	Gemüseart	Nährstoffbedarf	Gute Nachbarn
Wurzelgemüse	Möhren, Karotten	Mittelzehrer	Endivie, Erbsen, Dill, Knoblauch, Kohlgewächse, Lauch, Radieschen, Rettich, Rote Bete, Salat, Tomaten, Zwiebeln
Wurzelgemüse	Kartoffeln	Starkzehrer	Borretsch, Frühkohl, Spinat
Wurzelgemüse	Knollensellerie	Starkzehrer	Bohnen, Kohlarten (Knollensellerie wehrt mit seinem Geruch Kohlfeinde ab), Lauch, Pastinake, Spinat, Tomaten, Zwiebeln
Wurzelgemüse	Pastinake	Mittelzehrer	Kartoffeln, Radieschen, Rote Bete, Salat, Sellerie, Spinat
Wurzelgemüse	Radieschen / Rettich	Schwachzehrer	Bohnen, Erbsen, Erdbeeren, Möhren, Salat, Tomaten
Wurzelgemüse	Rote Bete	Mittelzehrer	Bohnen, Bohnenkraut, Dill, Kohlrabi, Möhren, Pastinake, Salat, Zwiebeln
Zwiebelgemüse	Knoblauch	Mittelzehrer	Erdbeeren, Gurken, Lauch, Möhren, Tomaten, Zwiebeln
Zwiebelgemüse	Lauch	Starkzehrer	Erdbeeren, Knoblauch, Möhren, Pastinake, Sellerie
Zwiebelgemüse	Zwiebeln	Mittelzehrer	Dill, Gurken, Knoblauch, Mangold, Möhren, Rote Bete, Salat, Tomaten, Sellerie, Erdbeeren
Kohlgewächse	Blumenkohl, Brokkoli	Starkzehrer	Buschbohnen, Endivie, Erbsen, Mangold, Möhren, Salat, Sellerie, Spinat, Tomaten
Kohlgewächse	Chinakohl	Starkzehrer	Bohnen, Erbsen, Kohlrabi, Spinat
Kohlgewächse	Grünkohl	Starkzehrer	Buschbohnen, Endivie, Erbsen, Mangold, Möhren, Salat, Sellerie, Spinat, Tomaten
Kohlgewächse	Kohlrabi	Mittelzehrer	Bohnen, Erbsen, Erdbeeren, Lauch, Rote Bete, Salat, Spinat, Tomaten
Kohlgewächse	Rosenkohl	Starkzehrer	Buschbohnen, Endivie, Erbsen, Mangold, Möhren, Salat, Sellerie, Spinat, Tomaten
Kohlgewächse	Rot- und Weißkohl	Starkzehrer	Buschbohnen, Erbsen, Möhren, Salat, Sellerie, Spinat, Tomaten, Mangold, Endivie
Kohlgewächse	Wirsing	Starkzehrer	Buschbohnen, Erbsen, Möhren, Salat, Sellerie, Spinat, Tomaten, Mangold, Endivie
Hülsenfrüchte	Buschbohnen	Schwachzehrer	Bohnenkraut, Borretsch, Dill, Erdbeeren, Gurken, Kohlarten, Mangold, Radieschen, Rote Bete, Sellerie, Tomaten
Hülsenfrüchte	Stangenbohnen	Schwachzehrer	Bohnenkraut, Gurken, Ringelblumen, Rote Bete, Salat, Sellerie, Spinat
Hülsenfrüchte	Erbsen	Schwachzehrer	Dill, Gurken, Kohlarten, Möhren, Radieschen, Rettich, Salat, Spinat
Sammelnussfrüchte	Erdbeeren	Schwachzehrer	Borretsch, Buschbohnen, Knoblauch, Kopfsalat, Feldsalat, Lauch, Radieschen, Schnittlauch, Spinat, Zwiebeln
Fruchtgemüse	Tomaten	Starkzehrer	Basilikum, Bohnen, Kohlarten, Möhren, Lauch, Petersilie, Salat, Sellerie, Spinat, Zwiebeln
Fruchtgemüse	Zucchini	Starkzehrer	Basilikum, Bohnen, Zwiebeln

NEBENKULTUREN

Pflanzengruppe	Gemüseart	Nährstoffbedarf	Gute Nachbarn
Blattgemüse	Asia Salate	Mittelzehrer	Kopf- oder Pfücksalat
Blattgemüse	Chicoreé	Mittelzehrer	Fenchel, Möhren, Tomaten
Blattgemüse	Endivien	Mittelzehrer	Fenchel, Kohlarten, Möhren
Blattgemüse	Feldsalat	Mittelzehrer	Endivie, Erdbeere, Kohlrabi, Radieschen, Ringelblume, Winterportulak, Zwiebeln
Blattgemüse	Kopfsalat	Mittelzehrer	Bohnen, Borretsch, Dill, Erbsen, Gurken, Kohlrabi, Kohl, Radieschen, Rettich, Spinat, Tomaten
Blattgemüse	Fenchel	Mittelzehrer	Endivie, Gurken, Salat
Blattgemüse	Stangensellerie	Starkzehrer	Bohnen, Kohlarten, Lauch, Pastinaken, Spinat, Tomaten, Zwiebel
Blattgemüse	Mangold	Mittelzehrer	Buschbohnen, Kohlarten, Möhren, Radieschen, Rettich, Zwiebel, Salat
Blattgemüse	Spinat	Mittelzehrer	Bohnen, Erbsen, Erdbeeren, Kohlgewächse, Pastinaken, Radieschen, Rettich, Salat, Tomaten
Fruchtgemüse	Aubergine	Mittelzehrer	Kohlarten, Ringelblumen, Salat, Spinat
Fruchtgemüse	Paprika	Starkzehrer	Kohlarten, Petersilie, Ringelblumen
Fruchtgemüse	Gurken	Starkzehrer	Basilikum, Stangenbohnen, Dill, Fenchel, Sellerie, Spinat, Kohlarten, Kopfsalat, Zwiebeln, Erbsen, Salat
Fruchtgemüse	Kürbis	Starkzehrer	keine, Kürbis benötigt viel Platz